汉译世界学术名著丛书

历史方法的国民经济学讲义大纲

〔德〕威廉·罗雪尔 著

朱绍文 译

2017年·北京

Wilhelm Roscher

GRUNDRISS ZU VORLESUNGEN

ÜBER DIE STAATSWIRTSCHAFT

NACH GESCHICHTLICHER METHODE

Göttingen 1843

本书根据日本岩波书店山田雄三译本转译

汉译世界学术名著丛书
（120年纪念版·珍藏本）
出版说明

2017年2月11日，商务印书馆迎来120岁的生日。120年前，商务印书馆前贤怀揣文化救国的理想，抱持“昌明教育，开启民智”的使命，立足本土，放眼寰宇，以出版为津梁，沟通中西，为中国、为世界提供最富智慧的思想文化成果。无论世事白云苍狗，潮流左右激荡，甚至战火硝烟弥漫，始终践行学术报国之志，无改初心。

迻译世界各国学术名著，即其一端。早在20世纪初年便出版《原富》《天演论》等影响至今的代表性著作，1950年代后更致力于外国哲学和社会科学经典的译介，及至1980年代，辑为“汉译世界学术名著丛书”，汇涓为流，蔚为大观。丛书自1981年开始出版，历时三十余年，迄今已推出七百种，是我国现代出版史上规模最大、最为重要的学术翻译工程。

丛书所选之书，立场观点不囿于一派，学科领域不限于一门，皆为文明开启以来，各时代、各国家、各民族的思想与文化精粹，代表着人类已经到达过的精神境界。丛书系统译介世界学术经典，引领时代思想，为本土原创学术的发展提供丰富的文化滋养，为推动中国现代学术和现代化进程做出了突出的贡献。

为纪念商务印书馆成立120周年，我们整体推出“汉译世界学术名著丛书”120年纪念版的珍藏本，寄望既利于文化积累，又便于研读查考，同时向长期支持丛书出版的译者、编者和读者致以敬意。

两甲子后的今天，商务印书馆又站在了一个新的历史时间节点上。我们不仅要铭记先辈的身影和足迹，更须让我们的步伐充满新的时代精神。这是商务人代代相传的事业，更是与国家和民族的命运始终紧密相连的事业。我们责无旁贷，必须做好我们这代人的传承与创造，让我们的努力和成果不仅凝聚成民族文化的记忆，还能成为后来人可以接续的事业。唯此，才能不负前贤，无愧来者。

商务印书馆编辑部

2017年10月

中译本序

本书作者威廉·罗雪尔(1817－1894)是德国旧历史学派的创始人。他出生于汉诺威的一个高级法官家庭,在哥廷根大学和柏林大学专攻历史学和政治学。他的学位论文就是《伟大诡辩家们的历史学说》(1838年)。1840年他任哥廷根大学历史学及国家科学的讲师,最初的讲义是《修昔底德的历史方法》。罗雪尔崇拜修昔底德,后来他称自己是经济学领域的修昔底德。1842年他将这本"讲稿"出版,书名就叫做《修昔底德的生平、著作和时代》。从1841年开始他担任政治经济学的讲座,同时兼讲政治理论史。这里译出的这本《历史方法的国民经济学讲义大纲》(1843年),就是他在这时期的讲稿。在《大纲》出版那年,他升任副教授,第二年即升为教授。

1848年,他应莱比锡大学之聘担任政治经济学讲座,在这里任教共达46年之久。他以惊人的努力在这里陆续发表了他在《大纲》一书中预定要写的历史方法的国民经济学理论体系的庞大的多卷本著作。其中最主要的是《国民经济学体系》五卷本。第1卷为《国民经济学原理》(1854年),第2卷为《农业及类似原始产业的经济论》,第3卷为《商业及工业的经济论》,第4卷为《财政学体系》,第五卷为《济贫、救护及济贫政策》。他作为经济思想史的学者,还著有《16、17世纪英国国民经济学说史》(1851－1852年)和

《德国经济学说史》(1874 年)。此外还有《殖民、殖民政策、移民》(1848 年)。他的《历史方法的国民经济学探讨》一书是他从 1843 年开始撰写的《奢侈论》等十五篇论文的汇编本。1892 年他发表了《政治论——君主政治、贵族政治、民主政治的历史自然论》。

在 1889 年他 71 岁那年,他把他的讲座让给了他的学生布伦塔诺。罗雪尔死后,他的儿子卡尔·罗雪尔(Carl Roscher)将他平时在家中所作的关于宗教的训话以及从他著作中摘录出来的一些论述,汇编成一本书,即《一个经济学家的精神世界》(1895 年出版)。在这本书的序言中介绍了威廉·罗雪尔的生平和宗教思想。

现在译出的这本《讲义大纲》,被称为"历史学派宣言",是德国历史学派的主要代表文献,英国著名经济史学家阿希莱(W. T. Ashley)在 1894 年将该书的序言及序论部分译成英文时,在英译本序中称它为"1843 年罗雪尔的纲领"。由于罗雪尔第一个把萨维尼在法学研究中的历史方法运用到政治经济学中来,为德国历史学派经济学奠定了基础,所以罗雪尔就成了德国旧历史学派的创始人。

这本《讲义大纲》,结构极为简单,文句和段落之间没有行文上的逻辑联系,不成文章。根据罗雪尔的解释,它是讲课用的提纲,好像还没有赋予肌肉的人体骨骼。他强调他的目的只在于建立历史方法的国民经济学体系。他要求读者不要忽略他那贯串于全书、成为该书基础的独特的"严密方法",即所谓"历史的方法"。

人所共知,德国资本主义的发展比英法两国都晚,当德国资产阶级开始走上历史舞台的时候,英法等国的资产阶级已经掌握了国家政权,资产阶级和无产阶级之间的阶级矛盾已经日益明显并开始发展到公开对抗的地步。德国资产阶级清楚地意识到,他们要与英法等国的资本主义经济进行竞争，就必须统一并保护其国内市场，同时他们也预感到他们与工人阶级之间的矛盾。由于德国产业资本的落后，德国的资产阶级不能像英法资产阶级那样坚决地反对封建势力，而只有与德国的封建容克贵族进行妥协与联合，以共同对付工人阶级的反抗，从而获得资本的原始积累。对这一时期德国资产阶级的特点，马克思非常深刻地指出："与1789年法国的资产阶级不同，普鲁士的资产阶级并不是一个代表整个现代社会反对代表旧社会的君主制和贵族的阶级。""它一开始就蓄意背叛人民，而与旧社会的戴皇冠的代表人物妥协，因为它本身已是属于旧社会的了；它不是代表新社会的利益去反对旧社会，而是代表已经陈腐的社会内部更新了的利益。"(《马克思恩格斯全集》，第6卷，第126页)

罗雪尔是代表这个时期德国统治阶级的利益和它的意识形态的大学教授，因此罗雪尔的经济学和历史学派也就必然充满了妥协和折中主义的内容。罗雪尔的庞大的国民经济学体系，正是这种折中主义的标本。在他这本著作里，如果我们想去寻求关于价值、货币、利润、工资、地租等方面的理论，那将是徒劳的。他主要是在"历史的方法"上做文章。他将以往的方法分为"哲学的方法"和"历史的方法"。前者是哲学家尽可能抽象地去寻求概念或理论的体系，抛去了一切时间和空间的规定；后者是历史学家尽可能忠实地描写现实生活，寻求与人类进化有关的记述。他所强调的历史的方法大体上有如下几种内容。

第一，他认为国民经济学绝不单纯是致富术，而是企图分析人类、判断和控制人类的一种政治科学。我们的目的在于记述各国国民在经济上想些什么，要求些什么，感受些什么，做了些什么努力,获得了些什么,又为什么去努力和如何达到成功。这种记述只有和法律史、国家史以及文化史相结合才有可能。

第二,他认为所谓国民绝不只是现在活着的许多个人的单纯集合,因此,凡是研究国民经济的人,不能只满足于观察和分析现代的经济关系,对于以前的各个文化阶段也必须作同样的研究。

第三,他认为从许多复杂的现象中找出其本质的合乎规律性的东西是困难的。因此我们只能将所知道的各个国民从经济上进行比较研究,而且近代的各个国民在各方面都是相互紧密联系的,如果不观察各个国民而想去考察本国的或一国的国民,那将是不可能的。

第四,他认为历史的方法绝不轻率地赞赏或非难某一特定的制度,因为从来没有过一种制度对一切国民在所有文化阶段都是有效的或都是有害的。经济学的主要课题在于剖析为什么或如何会产生"由理性走向背理"或"由恩惠走向灾难"。

罗雪尔在本书中强调,政治经济学的目的不应像重农主义者或空想社会主义者那样指出事物的理想状态应该是怎样,而在于记述事物本身发展的过程,这种观点明显地反映了旧历史学派对抗工人阶级和马克思主义的立场。

第五,他认为国民经济的生活和动植物界一样,要经历四个发展阶段,即幼年、青年、成年和老年时期,而每个国民的进化都受三种主要经济因素支配,即自然、劳动和资本。虽然"资本"在人类社会的幼年时期就已存在,但在那个时期,"自然"占最重要的地位。在成年时期,即中世纪中期以后,"劳动"在各个国家变成了更为重要的因素,因此都市发达了,行会制度产生了,劳动也就受资本奴役，于是在土地所有者的封建领主和奴隶之间出现了一个中间阶级。到了老年时期，“资本”最占优势，土地因资本而无止境地增加价值。在工业中，机械力代替了人力，国民财富从此有了很大的增长，国民就进入了最幸福的时代。罗雪尔也承认“好景是不会长的，在这个时期，殷实而幸福的中等阶级的人数减少了，少数拥有巨额财富的富豪和大多数贫苦劳动者处于对立状态的时候到了”。他主张国家采取所谓“人工治疗”进行干预：“1. 如果自然的痊愈力太弱时，就加强它；2. 如果自然的冲击力太强时，就缓和它；3. 如果它的方向不对时，就纠正它。”他认为如果这样做，“从国民保健学的观点看，成熟期会很快恢复，以后可以保持一个平静的状态”。这就是所谓“历史的生理学的方法”。

如上所述，罗雪尔的经济学是建立在有机体的国民经济观和历史的相对主义的基础上的。他提出决定历史发展阶段的是生产力的发展，主要是自然、劳动和资本这三个因素，同时又强调民族精神和“神的意志”，强调事物有机体的进化和改良，反对社会发展中的革命和飞跃。这说明，罗雪尔的体系中存在着二元论。在本书中，作者强调要从整体出发看待国民经济，注意经济与其他社会生活的联系，掌握各国国民经济的特点，从中引出正确结论，这种研究方法显然有可取之处。书中开列的大量文献资料，对我们研究欧洲经济发展史也有一定的参考价值。由于译者水平有限，译文不免有疏误之处，敬希指正。

朱绍文

1980年12月于北京

目　录

第一编　总论

第二编　国民经济

第三编 国家财政

第四编 经济学说史(主要列举文献)

著者序

本书系著者作为讲义编写的。有关国民经济学的教材差不多每天在增加，要想在最多不过一百小时左右的课时中充分运用这些教材，越来越不可能。在西北德意志还没有积累起它自己的一套行政管理经验，因此在这里的大学里分别独立地开设理论经济学、财政学、经济政策的讲座，看来不能认为有利。著者有鉴于此，乃将过去的讲稿附以入门参考书，予以付印。这样，如能节约出12小时乃至15小时的自由讲课时间，相信好处会是不小的。但听讲者记笔记，按照著者的计划，在有些方面并不是不必要的。著者深切体验到，上课时按部就班地记笔记，对引起听讲者的注意和督促正规的出席是多么有效。

熟习这门科学的专家如翻阅本书，将不致忽略贯串全书并成为它的基础的独特而严密的方法——历史的方法。对本书内容方面的任何批评，我希望暂时保留，等到我在部头更大的著作中，像给没有肌肉的骨架赋予血和肉的时候，自会得到理解。所谓历史的方法，并非只是不管什么，只要可能，就像编制年表那样，从外表上将材料拼凑成一种连续的序列，恰恰相反，它主要存在于下述各个基本原理中：

(1) 如何才能最好地增进国家富强这个问题，对我们来说，和别人一样，仍不失为一个主要课题。但这绝非我们的主要目的。国民经济学并非单纯的货殖学或单纯的致富术，而归根结底是一种认识人类、支配人类的政治科学。我们的目的在于记述各个国民在经济方面想了些什么，要求了些什么，发现了些什么；他们做了些什么努力，有了些什么成就；以及他们为什么要努力，又为什么获得成功。这样的记述只有同有关国民生活的其他科学，特别是同法制史、政治史以及文化史紧密地结合起来，才能做到。

(2) 然而所谓国民并非今天生活着的一个一个人的单纯集合。因此打算研究国民经济的人，就不能仅仅满足于对现代经济关系的观察。况且对过去各文化阶段的研究，任何一种情况，都是现代一切未发达国民的最好教师。对我们来说，对过去各文化阶段的研究，完全具有同观察现代经济关系一样的重要性，虽然在这个讲义中不能因此而花费同样的时间。

(3) 从诸多复杂的现象中发现事物的本质和规范性的这种困难，促使我们有责任从经济关系上对所能知道的各个国民作相互比较。说实在话，现代各个国民是如此紧密地联系着，如果缺乏对总体的观察，就不可能对个别的国民作出任何根本性的观察。同时，过去的国民——已经灭亡的国民，它们的发展过程都已成为一种完结的存在摆在我们面前，给我们以特殊的启示和教训。如果新的国民经济表现出一种同过去的国民经济相类似的倾向，我们在认识这种倾向时就可以从这种类比关系(Parallel)中得到极为宝贵的启示。

(4) 历史的方法对任何一种经济制度决不轻易地一律予以颂扬或一律予以否定，因为对所有国民和一切文化阶段完全有益或完全有害的这种制度差不多是绝无仅有的。幼儿的纤带，老人的拐杖，对普通人是没有用处的。而经济学的主要任务在于指出：为何以及如何逐渐发生“从合理的变为不合理的”、“从幸福的变为有害的”。的确，有天才的人，虽然他的研究还很有限，但他将会容易判断在事物存废兴亡和实践上的重要的本质的东西。可是能有这样的教师仅以真正的天才为对象来编写他的讲义吗？通常，凡能正确认识像实物地租、封建徭役、行会特权、贸易公司的垄断等在何时、如何以及为何必须废除的人，也就是充分认识到这些制度为什么必然要在各个时代发生的人。实践这种观点，一般绝不能像编写一本通俗易懂的入门书那样容易，何况这种主张，由于要注意到立法者或行政人员在每个阶段所必须作出的各种各样的考虑，其具体实践就更为困难了。

人们会了解上述方法所要达到的目的，是与萨维尼-艾希霍恩的方法(Savigny-Eichhornsche Methode)在法学方面所要达到的目的完全一样。[①] 这种方法同李嘉图学派的距离是远的，但它本身并不反对李嘉图学派，相反地却感谢它的成果并有所利用。因此，这个方法毋宁同马尔萨斯和劳的方法相接近。我虽不能肯定这条通向真理的道路是唯一的或绝对最短的捷径，但这条道路是通向特别美丽而又丰饶的领域的，一旦经过适当的开拓，我相信

① 萨维尼自1810年至1842年教授罗马法于柏林，1815年他在艾希霍恩(Eichhorn)及戈森(Goschen)二人的协助下，创办了《历史法学杂志》。他在序言中宣称创立法学的历史学派。他的中心命题是法律为一国整个生活的自然发展，并为国家的精华或灵魂所依以表现的方式之一。他认为只有由历史的比较的研究，法律的真正本性才能表露出来。——译者

它将很难被轻易放弃。历史方法的国民经济学对历史学所能提供并且必须提供的东西，正有点像组织学和生物化学在今天对生物学所提供的那样的东西。

我将经济政策和福利政策分别插入本书各处，当人们看到第三节和第四节时，就不会奇怪了。有关行政管理科学方面的大部分，即法律政策，我习惯于放在政治学的讲义中来阐述，这对讲授一般管理制度和它的原理，恐怕是最适当的地方。我将国民经济学的参考书目放在卷末叙述，而不像通常那样放在序论后面叙述，这很可能引起疑问。我的想法是，根据我的经验，在序论之后就想运用单纯的参考书目录成功地进行生动的有条理的说明，是完全不可能的，即使可能，也要浪费莫大的时间。如果采取相反的办法，放在卷末来叙述，由于听讲者已经知道这门科学的初步内容，这就可以用简要的说明指出各种参考书的特点，同时对最难理解、争论又最多的各种论点，也能有效地重行加以解说。

1843 年复活节

著者于哥廷根

序　论

第一节　关于国家科学的方法

一、历史方法同哲学方法的区别

哲学家尽量抽象地、脱离一切时间和地点的偶然性去寻求概念或判断的体系；历史家则尽量忠实地描绘现实生活，寻求人类的发展及其关系的记述。前者对于一种事物下了定义，就算是明确了这一事情，而在他下定义时，决不使用不是在他的体系的以前部分所已研究过的概念；后者则承认任何事件都是在人类相互之间发生的，记述了这样的人类，这件事就算剖明了。

二、哲学的国家理想之主观性

哲学的国家学说最通常的表现形式是理想国的形式，其表现有各种各样，其根据和结果也极不相同。但几乎所有的国家理想，尽管看来好像是抽象的，其实都不过是它的作者在现实条件的制约下、或它的作者所属党派力求实现的政治状态的一种不甚高明的描绘罢了。在自然主义者及唯美主义者当中也有类似情况。不在此列的(即玩弄脱离现实的议论的人)是折衷主义者和回避一切详细论证的独创的哲学家。

上面的论断可以在近代一流理论家中得到证明。这类理论家有马基维尼、宗教改革论者、耶稣派、17世纪的绝对主义者、洛克、孟德斯鸠、革命主义者、反动派、稳健的立宪主义者等等。即使在柏拉图那里也是这样。

对下面规律的说明——伟大的国家论理论家的作用,通常在于这样一点:他们将其同时代的人所怀抱的还不够鲜明的感情和尚未获得根据的愿望,给予科学的表现和科学的根据。然而国民的现实欲望归根结底必须在日常生活中得到满足。随着世代的变迁,人民逐渐发生变化,变化了的人们势必要求不同的政治制度。如果这种危机通过合法的途径结束,就叫做改良;如果通过暴力,就叫做革命。由此看来,虽然两个哲学家各自将两个不同政党的政治主张加以理论的体系化,如从历史方面来观察,两者之间并无任何矛盾。双方对其人民、对其时代都可以说是正确的。

三、历史的方法

对于人类政治激动的分析——这只有通过对一切已知的国民进行比较,才可能明确。各个国民发展中的类似性,可归结为一种发展规律。历史家的工作同生物学研究者的工作相似,这种历史的方法,只要不完全走入迷途,任何时候都具有客观的真理性。实践家从它获得的教益最多——但并非通过直接的命令,而是相反地通过形成一种政治的观点而达成的。历史方法的最高目的在于以科学的形式将人类所获得的政治成果留给后代。

〔参考文献〕著者的学位论文《伟大的诡辩哲学家的历史理论》，1838年，哥廷根，第18—60页。著者：《克利奥》[①]（《历史方法史论》，第1卷，第17页）。

第二节 国民经济学的对象

一、财

所谓财，是指一切可以满足人类欲望的东西。这一概念是相对的，随着文化的发展，财的范围自然扩大。

人们之间的相互缺乏是交换的基础。相互付给的不断结合称为交易。国民经济学只研究进入交换的财，即只研究经济财。

经济财分为三类：(1)物，(2)劳役，(3)关系。

〔参考文献〕主要参照：施托尔希、乔雅、缪勒及哈根等人，是否应将本来的精神财富也包括在国民经济学的范畴中呢？劳役是否应算入财产？赫尔曼：《国民经济的研究》，1832年，第1节。考夫曼：《政治经济学的研究》，1829年。

二、使用价值及交换价值

使用价值是交换价值的基础，但除去是交换价值的基础之外，它与交换价值全无一致之处。自由财（有使用价值，无交换价值）。还有使用价值不变而交换价值变动的情况，以及相反的情况。

① 克利奥(Klio)在欧洲相传为“历史之神”。——译者

总体价值和数量价值。[①]

三、财产

私有财产、公共财产、国家财产、国民财产。在评价私有财产时，特别应注意各种财产的交换价值。对于国民财产，应注意其使用价值。表示国民财产大小的外在标志——下层社会的稳定的生活状况，多数优秀的私人企业，巨额的国家支出，对外国的贷款。

四、富

所谓富，是指大量财产。所谓大量是指所有者的欲望而言，是指同类人们的财产状况而言。劳的“关于财富”的程度区别的说明——过剩、富裕、福利、恰当、必要、不足、贫困。

〔参考文献〕色诺芬：*Hiero* [②]。弗吕里：《论财富的定义及其起源》，1833 年。

五、经济

对财产的维持、增加和利用的持续行为叫做经济。

从思想上的动机来说，经济是以自私心和集体观念为基础的。若只是自私心，则在各个私有经济之间势必引起破坏一切的永恒的斗争；而集体观念则使这种斗争在一个更高的有机体中，即国民

---

① 根据罗雪尔：《国民经济学体系》，第 1 卷，第 6 节，注 6：“劳将价值分为：特定的财、在特定情况下对特定的人所具有的具体的、数量的价值，以及一种财的总体对人类一般所具有的抽象的、总体的价值。”——日译者

② Hiero 系古代(纪元前 477—467 年)Syracuse 人的统治者。——译者

经济中得到调和。国民经济同国家、法律、语言等一样，是国民发展的一个本质方面。因此，国民性、文化阶段等等体现于国民经济之中，国民和国民经济同时成立、成长、繁荣，而再衰落。

〔参考文献〕劳：《国民经济的考察》，1821 年。康克伦：《世界财富、国民财富及国家经济》，1821 年。

第三节　国民经济学在各种政治科学中的地位

国民经济学是关于国民经济发展规律的科学。

一、对官房学的关系

官房学的学说简史。

官房学或私经济学可分为：农业学、工业学、商业学、林业学、矿业学。其目的在于叙述各种主要产业部门的现状及其最有利的经营方法。所以这些是国民经济学的必要的辅助部门。官房学者钻研这些事情是为了工作，国民经济学家则只在其对人类关系、尤其是政治关系方面起作用的范围内予以关心。

〔参考文献〕劳：《论官房学、其制度及其部门的发展》，1825 年。鲍姆施塔克：《官房学百科全书》，1834 年。

二、对其他国家科学的关系

政治学是关于国家发展规律的科学。国民经济学是其中特别重要、因而被特别详细地创造出来的一个部门。国际法学对政治学的关系，也与此类似。国际法学是更完整地论述国家对外关系的科学。上述两个部门的主要的附属科学，前者有财政学，后者有外交学。

所谓政策〔警察〕，是谋求直接保护外界秩序的国家权力。所以政策学构成被特别命名为政治学的一个组成部分（如法律政策）；它还构成国民经济学的组成部分（商业政策、交通政策等）、国际法学的组成部分（对外政策）。

以上各种科学，通过对一切时代和国民的研究，来发现国家的发展规律；统计学则在这些规律的指引下叙述现代的各个国家。

一般的国家法律学。实用的国家法律学。

〔参考文献〕著者的评论（见《哥廷根学报》，1840年，第176期）。

三、国民经济学的价值

国民经济学在对国家作出一切有根据的判断上是必要的，在我们的时代尤其如此。但应警惕片面重视物质兴趣，必须同样强调国民经济学的政治方面和经济方面。

第四节　以后讲义的要点

总论（指第一编）可以同数学比较。虽然这篇总论只是立足在明显的心理学的经验的基础上。那么，利用代数的形式来表现国民经济的关系，到怎样一种程度才算是适当的呢？

理论经济学、国民经济学、财政学等名词的说明。从政治经济学中将经济政策和财政学除外，有无必要？

介绍亚当·斯密、萨伊、李嘉图以及劳的理论体系和特征，介绍 J. 缪赛尔的《爱国的幻想》(四部分,柏林,1774—1786)和它的特点。[①] 这些都应和讲义一起加以参考。

〔参考文献〕狄太内希:《讲授政治经济学的途径和方法》,1835 年。

① 威廉·罗雪尔写过《作为经济学家的 J. 缪赛尔》,载《国家科学杂志》,第 21 卷,1865 年。后来这篇论文收进他的《德国经济学说史》,1874 年。——日译者

第 一 编

总　　论

第一章　论财的生产

〔参考文献〕托伦斯:《论财富的生产》,1821 年。

第五节　财的生产诸要素

生产有二类:1. 发现潜在的使用价值;2. 将既有原料加以变形使之具有高度的使用价值。

一、自然

重农主义者过度地将自然看成财富的源泉。自然力中有一部分是属于动物的,一部分是化学的,还有一部分是机械的。最早被利用的是动物的自然力,最晚的是机械的自然力。

说明决定土地的生产价值的各种关系:——土壤的混合、可耕地的松硬、深浅、可耕地土壤的湿度、温度等。特别应该提出的是一国的位置和气候。等温线。法国的葡萄、玉蜀黍、油树等地区。俄罗斯的八种生产地带。[①] 寒冷地带何以比温暖地带缺乏自然生产力?

---

① 根据罗雪尔:《国民经济学体系》,第 1 卷,第 32 节,注 3:所谓俄罗斯八种生产地带是指:(1)冰带;(2)苏苔;(3)森林、牧畜;(4)稞麦;(5)小麦、果树;(6)葡萄、玉蜀黍;(7)油树;(8)甘蔗、蚕。——日译者

关于机械的自然力可先举水、风、蒸气。

自然的一切恩惠可以分为：直接可以消费的（例如生活用品）和只是促进生产用的（例如港湾、航运的河流）。自然界的恩惠，不管是极端过剩或是极端贫乏，都会妨碍文化的发展（例如热带地方、两极地方）。在自然界的恩惠贫乏的场合，不可能富裕地维持一国的国民生活。一国的自然条件将如何影响它的人民的性情和它的历史呢？

〔参考文献〕劳：《论一国的自然条件》，1831 年。邦斯泰登：《南方人与北方人，或气候的影响》，1824 年。阿恩德：《历史的性格描写概论》，1810 年。门德尔松：《日耳曼的欧洲。历史地理学》，1836 年。

二、劳动

劳动被亚当·斯密、加里安尼、李嘉图和麦克库洛赫等人过分地当作财富的源泉来评价。经济范畴的劳动可分为：发明发现、对自然产物的直接占有、新原料的生产、粗制品的加工、对使用者进行的贮藏品的分配、服务性的劳役等。

一般人的劳动热情决定于劳动者本身的下列条件——1. 通过劳动改善现状的希望有多少，2. 欲望的大小。

文化程度愈高，人们愈重视时间的价值，劳动就愈受尊敬。

三、资本

资本是指为维持享乐或为扩大生产的目的而准备的产品的贮藏。

使用资本及生产资本。使用资本大了，是财富大的表现呢？

还是资本被用在生产方面的倾向和技术之不够的表现呢？生产资本是由可变原料、辅助原料、营业用房屋、工具及机器、工人的生活资料、贮藏品以及货币构成的。呆滞资本。无形资本。

随同时间的发展，资本将彼此分开的自然和劳动结合在一起，使它们共同发挥作用。

将土地和人的劳力从属于资本，这是否妥当呢？

一切资本都要消失，——其很快消失的叫做流动资本，缓慢消失的叫做固定资本。货币究属于何者？

资本是由于节用或间接地由于文化发达而形成的。

〔参考文献〕赫尔曼关于资本的概念，可参阅《国民经济的研究》，第 3 章。

四、三要素的结合

三要素对生产一般都是必要的。它们不妨由个别的人来提供。生产的企业家。但一般在低级的文化阶段，自然的要素占支配地位；到了中等阶段，人类劳动逐渐抬头，到了高级的文化阶段，则资本的要素居优势。古代差不多停留在第二阶段——在现代由机器来做的，当时多由奴隶来做。

五、所有[①]

资本的必然性产生所有的必然性。如果土地所有制被打乱，

① 罗雪尔：《国民经济学体系》，第 1 卷中有讨论“自由”与“所有”的章节，如第 2 章中的几节，特别是第 77 节讨论“资本所有”和“财产共有”。第 78－80 节讨论“社会主义”和“共产主义”。在第 245 节注 5 中列举了印度、美国、古代俄罗斯、游牧民族等的“妻女共有”的实例。——日译者

即使没有土地的人也大部分不能生存。在法律不稳定的国家或时代，财富被埋藏起来。

财产共有的理想，在财富差距悬殊的场合，任何时代都会出现。柏拉图、托马斯·莫尔、康帕内拉、圣西门、欧文、傅立叶。在参加者人数不多，并受宗教献身热情鼓舞的时候，公有制度能够顺利形成。否则，由于人类生来的利己心，各个参加者必然总想尽可能少做些劳动，而尽可能多享受消费。防止它的唯一办法，是由国家以无限的权力君临于各人的劳动和消费之上。财产共有与妻子共有密切联系。其实例。

第六节　劳动的分工与协作

随同人类社会的进一步发展，劳动分工到处增加了。例如，中世时期国民仅有的或至少是不适当的分工，现代生活中大规模的分工等等。阶级的一切差别，以及（另一方面）人类的一切教养，都立足于分工。

分工的好处：提高工人熟练程度，节约时间、劳力、材料，易于发挥各种专长。为什么农业方面的分工比工业方面落后。随着投入生产的资本和产品销路的扩大，分工与之成正比例地扩大。乡村、小城市、大城市之间的分工。奢侈品工业与日用品工业之间的分工。

交通机关的改善也将促进分工。尤其是一切文化都是沿着巨大的河流发达起来的，当然，战争和道德颓废也随之出现。根据海陆分布状况，海岸形状、水流系统等将世界划为五区的轮廓，以及其对居民文化的影响。高度发达的分工的黑暗面:卫生方面、政治方面、道德方面。

一国的经济开始衰落时,分工减少。例如,土地所有的过度的分割。

分工必须经常在时间和地点方面与协作相适应。连续性或作业继续原则。

〔参考文献〕柏拉图:《理想国》。亚当·斯密:《国富论》,1776 年,第 1 卷,第 1 节。劳:《政治经济学读本》,1826—1828 年,第 1 卷,第 115 页。

第七节 各种劳动的生产性

一、论争的克服

重农学派的主张:只有增加原料的劳动才是生产的。阿尔伽罗蒂和雷纳尔认为工业也有生产性,亚当·斯密、马尔萨斯和麦克库洛赫承认商业也有生产性。乔亚、萨伊、施托尔希等则认为服务性的劳动也是生产的。但劳的主张是,商业和服务性劳动只是部分地、间接地属于生产的。

赫尔曼主张在下述三种情况下,任何劳动都是生产的。第一,从生产者的立场来说,生产企业主通过产品的交换收回其成本和正常利润;第二,从消费者的立场来说,消费者使用劳动产品并能以正常的价格购买;第三,从国民经济的立场来说,由于生产劳动,市场上的价值供应量增加。

〔参考文献〕施托尔希:《关于国民收入性质的考察》,1825 年,第 27 页。关于赫尔曼对劳动生产性问题的研究,参阅其《国民经济的研究》,第 2 卷。

二、论争的分析

(a)学者一般根据他对财的概念所下的定义的广狭,而不得不缩小或扩大对生产的劳动的定义。我们所给予的较广的定义,只要比较完整地掌握全部经济生活,较之其他定义更为确切。(b)如果将决定劳动生产性的基准放在它是否产生物质的成果上,整个概念就会模糊不清;同时,(c)如果以劳动成果的永续性为基础,或(d)以劳动成果的不可缺少的程度为基础,同样会模糊不清。(e)整个国民经济构成一个体系。在这体系中所能使用的一切东西就是财。对这些财的总的欲望由国民的总劳动来满足。而这些劳动则按照分工的原则来分担。为全体而劳动的人从总产品中分得自己的份额。在这情况下,各个劳动者对他所获得的特殊产品的生产是否直接有所贡献,是置之不问的。因此,各个劳动者的产品只要为人所需要并经出售,这个劳动者的劳动就是生产的,换句话说,他是为满足社会的欲望而劳动了。

生产性的程度差别究竟有没有?凡是生产为国民经济所最急需的产品的劳动是最生产的。

西班牙是服务性劳动过于占优势的国民经济的一例。

第二章　论财的分配[①]

〔参考文献〕琼斯:《论财富的分配与赋税的源泉》,1831 年。

第八节　价格的决定问题

一、流通

分工越是发达,生产者就越要注意市场。投向交换的财,在它处于流通之中的限界内,它是商品。一种商品的代价只能以另一种商品支付。看不清这一真实情况导致日常生活中的舛误。从这一事实得出的结论是:各人卖得越多,买得越多,相反的情况也能成立。而且在一国中,各个生产阶级与其他各个阶级是共同消长的。在各国相互之间的世界交通方面是否也是这样呢？关于这方面,百科全书派的人们与萨伊之间的对立的见解都是错误的。

生产增加,相应地要求流通愈益加速。反过来,流通加速,则相应地更多地促进生产。无益的流通。

① 参阅罗雪尔:《国民经济学体系》,第 1 卷,其中有两编讨论财的流通与财的分配。——日译者

二、价格

价格是指一种财的交换价值由与它相交换的另一种财之一定量来表现。“kostbar”与“theuer”这两个词都是表示高价格。“kostbar”是指一种商品与其他同种商品相比价格较高，“theuer”是指一种商品自身相比，即该商品与它在其他场所、其他时期相比价格较高。

一切价格决定是通过相互对立的双方之斗争来实现的，即卖者对于买者希望尽可能贵卖，而买者则希望从卖者手中尽可能廉价买到。因此，决定的因素是供给与需求的关系。竞争者的多少和强弱。

在这种情况下，支配买者决心的条件是：(a)财的使用价值。个人的以及国民的性格对于财的评价的影响。不可缺少的财和可以缺少的财是稀少了还是丰富了等各方面的作用。尤其是在谷物交易的场合。(b)买者的支付能力。萨伊的财产金字塔形。[①]

支配卖者决心的条件，除去完全孤立的交换以外，则是生产成本。生产三要素都构成生产成本，流动资金的全部、固定资本中消耗掉的部分、其他危险等等都构成生产成本。

总之，市场价格具有不能远离生产成本之上或之下的趋向。由于财的使用价值的减少，由于买者支付能力的减低，以及由于其他生产者竞争的优势所引起的价格下落，将会产生各种不相同的

① 意思是价格提高时，支付能力像财产金字塔形那样逐渐缩小。参阅罗雪尔：《国民经济学体系》，第1卷，第104节，注4。——日译者

结果。不顾损失而继续生产的场合属于例外。生产成本降低，国民财产的使用价值就增大。但在这同时，跌价产品的消费常常要比价格下落的比例更高，所以一般的情况是，价格下落后产品的总量会比以前具有更高的交换价值。

三、价格法则的例外

自然的生产垄断、工业或商业上的秘密。必要价格[①]。经济文化水平越高，生活用品的价格就越稳定。买者与卖者的协定。国家垄断、强制权、禁业权、最高价格。

〔参考文献〕赫尔曼关于价格问题的论述，参阅《国民经济的研究》，第4节。图克：《关于近三十年物价涨落的思想与内容》，1823年。李嘉图和托伦斯的错误。[②]

第九节　货币与信用问题

一、货币一般

简单的直接交换（物物交换）有很大困难。如果存在一种为任何人在任何时期所接受的商品，这种困难就可以消除。同时这种商品将作为一切交换价值的共同尺度而发挥作用。这正像分数相

---

① “必要价格”是指卖方不存在竞争，差不多不考虑买方的支付能力而决定的垄断价格或抛售价格。与一般用法不同。——日译者

② 罗雪尔论述英国古典学派劳动价值论的价格理论，参见其《国民经济学体系》，第1卷，第107节，注4。罗雪尔本人当然偏重马尔萨斯和图克的著作。——日译者

加要先改为公分母一样。这种商品叫做货币。货币一被发现，分工、资本节用、资本借贷就都具有高度的可能。

二、货币的种类

当作一般的交换工具，历来是利用使用价值高的一般的商品。概括说来，任何一个国民经济越不发达，越是更多地以不可或缺的财作为货币。经济越发展，则越是更多地转向仅仅满足高尚欲望的商品。狩猎民族的兽皮、游牧民族的牛、农耕国民的金属等。差不多到处都是由铁币或铜币逐渐向银币转移，最后转变为金币。因而从最普通使用的流通手段的性质来看，对各个文化阶段可以作出各种各样的结论。

贵金属当做货币材料之所以被优先使用，是由于下列原因。即它具有很高的使用价值，但又不是不可缺少的东西。它具有显著耐久性而且更便于改变形状，它不能任意增加，它的质量在全世界都是一样，它的容量小易于搬运。而且它能够无限地分割，各个分割部分保持与其大小相等的价值。由于这些理由，贵金属的价格比之别种商品变化少。试用白金的失败。①

三、货币的使用价值与交换价值

好像船或车辆将财货从一个场所转运到另一场所一样，货币是将财货从一个所有者转移到另一个所有者。当作交易的工

① 根据罗雪尔:《国民经济学体系》，第 1 卷，第 120 节，注 14——有俄罗斯 1828 年的例子。失败的原因是铸币费用太高。——日译者

具，货币属于资本，但它是处于固定资本与流动资本之间的地位。

在一国交换的数量固定的情况下，货币的流通速度愈快，愈可用少量的货币来起同样的作用。洛克、休谟、孟德斯鸠等人的错误。欧洲主要国家货币量的估计。劳的主张——在任何国民的发展过程中，货币必要量都有其相对地最高的一点，超过了这一点，就会减少。

货币的需要与供给。货币价格可能下落和上涨的极限。一般在交易不受妨碍的时候，货币会通过各个国家保持其同一价格。李嘉图所说的例外——在为获得贵金属而不得不提供那运输困难的商品的国家里，贵金属价格经常是高的。为什么在英国和荷兰，贵金属价格较之贵金属出产各国还要低廉？[①]

〔参考文献〕加里安尼：《货币论》，1750 年。斯密斯：《自然法则原理下的货币学概论》，1813 年。

四、信用

只约定将来偿还其代价就能处理他人财产的人为信用持有者。

利息及保险费。〔在利息之外，还有为吸收资金而被许可的〕定期年金、终身年金。

---

① 罗雪尔在《国民经济学体系》，第 1 卷，第 123 节，注 2 中叙述了洛克、休谟、孟德斯鸠等人只注意货币的绝对量。在第 124 节往 1、2 中列举了欧洲主要国家的货币估计量。在第 122 节中指出："货币的交换价值不得高于货币铸片缩小到不便的这一点，不得低于它扩大到不便的这一点。"在第 126 节中举出了英国和墨西哥的交易的例子，用类似"比较生产费说"来说明这一关系。——日译者

对于愿意接受信用的人，必须信赖他有履行契约的能力和意志。对物信用与对人信用。

私人信用与整个国民经济的状况密切关联，即与国民的财富、国家组织、诉讼制度和债务法规有关联。债务法规定愈严格，对正直的债务人愈有利。希腊人和罗马人以及现代各国的国民都反复经历了下列过程：即在低级的文化阶段，债务法规极其严格；继而固有道德的风尚，逐渐放宽；最后，繁荣时期的商业又使它极其严格起来。

信用当然并不创造任何新的财富。宾托、萨哈里埃的错误。但是信用却使资本转移到最有用的地方去，从闲散者的手中转移到事业家的手中。由于信用有获得利息的希望，它激励人们节约，同时信用减少对流通手段的要求。

〔参考文献〕萨维尼：《古代罗马债务法》（柏林科学院论文集），1833 年。

第十节　价格的历史

一、价格的尺度

对不变的价格尺度的研究，除去具有历史的（即价格史的）意义以外，在对某种东西约定永久地租这样的场合，也有实际利害关系。

亚当·斯密曾指出：处于不同地点和时间的二种财，如果它们能够购买的工人的劳动日数一样，则具有同样的价值。泰尔的见解。李嘉图学派认为生产财货所需要的劳动是最好的尺度[①]。但是当作一切价值尺度的财货本身也要受到供求关系变动的影响，所以绝对固定不变的尺度是不能想象的。

要比较在同一场所、同一时点的二种财货的价值，只有贵金属才能最好地做到。由于贵金属有非常的耐久性，即使它某一年的产量极其丰富，对于它的贮藏总量影响也很小，所以它的价格只是逐渐变化的。如果相互比较的价格处于不同的时期和场所，我们必须严密检查生活中各种必需和舒适的情况，并探讨它们与以前数额之间的价格关系。在这时特别要重视谷物的长期平均价格。但这也不免由于月份和收获的不同而发生变化。在谷物与货币并用时，这肯定是最好的价格尺度。

二、贵金属的价格史

古代生产贵金属的主要国家。在古代初期，贵金属的生产，暴露了各国想聚集财宝这种一般趋势的真相。西历前4世纪初期，贵金属价格显著跌落。中世纪的民族移动。[②] 另一方面，中世纪采矿业发展了，交换更进一步发展，所以到了中世纪后期，贵金属的价格在大多数场合又腾贵起来。

美洲大陆矿山的出产量，特别是开发波托西（1547年）、巴西（1700年）和巴伦西亚（1750年）以后的出产量。据一般计算，在哥

① 罗雪尔：《国民经济学体系》，第1卷，第129节，注8——泰尔将以燕麦表示的最低工资用作价格标准。——日译者

② 根据罗雪尔：《国民经济学体系》，第1卷，第135节——民族移动引起财宝的消耗，是中世纪贵金属价格腾贵的一个原因。——日译者

伦布以前欧洲有一亿七千皮阿斯特[①]流通，到了1600年间约在六亿以上，在1809年有十八亿二千四百万皮阿斯特流通。这些货币的流入对欧洲市场、尤其是对西班牙及德国产生了影响。到了17世纪中叶，贵金属价格的下降好像停止了，以后又普遍地再行上涨，西班牙和葡萄牙的殖民地衰弱以后，情况尤其如此。

关于贵金属生产和消费的现状以及将来的估计。

〔参考文献〕米卡埃力斯：《古代希伯来的物价论》（见哥廷根社会评论第3卷）。加尔尼尔法译本：亚当·斯密的《国富论》，第5卷。汉贝尔格：《古代罗马的价格论》，1754年。克芬布林克：《关于君士坦丁大帝以来货币价值与生活资料的关系的研究》。后来在伯克的著作中获得订正。伯克著有《关于古代的重量、铸币金量及尺度的度量衡学的研究》，1838年。加尔里：《意大利的金属货币的价值及其比例问题》，1804年。雅可布：《贵金属的生产与消费的历史研究》，第2卷，1831年。

三、其他商品部门的价格史

国民经济愈发展，在生产上那些自然要素占重要位置的财货价格就愈上涨；相反，劳动和资本占支配地位的财货价格则愈下跌。因为自然力的增加极其有限，相反，劳动与资本的扩大差不多是无限的。前者如兽肉、牛、淡水鱼、木材等，后者如商品及许多制造品。因此，可以从一国商品价格的相互关系中，对这个国家的经济文化发展阶段作出更加可靠的结论。同样可以根据这一理由来说明：为什么农业国家要经常由高度发达的工业国家来满足其工商业方面的需要。

---

① 皮阿斯特为西班牙银币单位名称。——译者

第十一节　国民收入

作为收入所应举出的仅仅是从经济活动中产生的收入。所有收入都是由生产者自己能消费或能交换的产品和支付构成的。日常生产的错误。

总收入是指一定时期新获得的全部产品的总额；纯收入是从总收入中扣除生产成本以后的余额。这些概念都是相对的。

总国民收入由下列各项构成：(1)新获得的原料；(2)通过工商业在这些原料上增加的价值；(3)从外国输入的商品；(4)由于服务性劳动而获得的一切收入。为求得纯国民收入所应扣除的项目有：(1)用于生产上的一切材料，但用于工业的改变形态的材料不包含在内；(2)固定资本的消耗；(3)为偿付进口而出口商品；(4)生产人员和资本家的必需生活费。在扣除以上各项的同时对各个纯收入进行综合计算的计算方法。此时应避免双重计算的错误。在纯收入不增加情况下的总收入的增加，对国民经济将有什么影响？

〔参考文献〕赫尔曼关于国民收入问题的论述，可参考《国民经济的研究》，第 7 节。施托尔希：《关于国民收入性质的考察》，1825 年。

第十二节　地租

地租最好与农场收入或佃租有所区别。从土地收益中扣除工资和利息等项之后余下的部分才是地租。

一、李嘉图的法则

农产品的价格，是由为满足整个社会的需要所必须耕种的最劣等土地的生产费决定的。这种最劣等土地不生产任何地租，只有在优良的土地上投入同量的劳动和资本才能获得更多的收益。当社会需要量增加时，如不去开发更劣等的土地，而代之以向已有的土地投入更多的劳动和资本，也会产生同样的效果。但要在有限的土地面积上收到无限的产量是不可能的。存在有这样一种限度，超过此限度，任凭怎样追加新的资本和劳动，也不可能再增加收益。土地位置是否便利的差别，也与上述土地的优劣情况发生同样的作用。这一法则，不仅适用于耕地、森林地及牧地，而且适用于建筑基地和矿山。地租与土地售价的关系。[①]

地租是否构成农产品价格的一部分呢？如果土地所有者放弃地租，农产品价格是否会下落呢？地租能否增加国民收入呢？[②]

二、地租的历史

在最古的社会里不存在地租。俄罗斯曾有这种痕迹。[③] 中世

---

① 罗雪尔在《国民经济学体系》，第 1 卷，第 154 节中指出："土地售价，如利息率一定，与地租的大小成比例；如地租一定，则与利率的大小成比例。"——日译者

② 在《国民经济学体系》，第 1 卷，第 153 节中，按照李嘉图的说法，认为地租的高低不是产品价格的原因，在这个意义上，地租不参与价格（毋宁说是交换的比率）的构成。同时，地租和工资、利息一起是分配形式，与国民收入的增减没有直接关系。——日译者。

③ 据罗雪尔：《国民经济学体系》，第 1 卷，第 155 节。在俄罗斯，到了 19 世纪还可以看到，在评价土地时不考虑土地面积，而以使用奴隶数为标准。——日译者

纪的佃租。

一国人口和消费的增加会提高地租。在这时期，因为资本利息的下降已成为经常的事情，所以对土地所有者更为有利。在国家繁荣时期，地租较高。因此，大都市近郊区的地租也特别高。在国民财富衰退时期，土地所有者受到的损失，会暂时因劳动工资及资本利息的进一步下降而得到抵消。但最后地租还是不免要下降。

农业生产上的一般改良，将增加工资和利息，但地租也将暂时下降，这种下降要持续到直至人口的增长与上述生产改良相适应的时候为止。举例说明。[①]

交通工具的改进对地租的影响。地租是否由于地主的垄断？[②]

〔参考文献〕马尔萨斯：《地租的性质及其发展的研究》，1815 年。韦斯特：《论资本对土地的适用问题》，1815 年。李嘉图：《政治经济学及赋税原理》，第 2 章，1817 年。反驳李嘉图的有琼斯的《论财富的分配与赋税的源泉》第 1 卷以及《经济学季刊》，1827 年 10 月。

第十三节　工资

一、工资的高低

由日工资发展到计件工资。劳动供求的变动。在劳动的生产

① 参见罗雪尔：《国民经济学体系》，第 1 卷，第 157 节。——日译者

② 《国民经济学体系》，第 1 卷，第 159 节中说："地租，是由于垄断。但它同时是提高人类欲望的'基金'。"——日译者

费中，除去满足工人自身的需要之外，还要有足以维持他一家、至少足以维持整个工人阶级的剩余。为什么工资终归不能远在这种生产费之上或之下呢？工资的最高限度。

工人的欲望有阶级的、国民的和地理的差别。生活要求高而又坚持这种要求的工人阶级可以得到高额工资。英格兰和爱尔兰在上一世纪初期为提高工资而采用的各种不同手段。生活必需品的价格如长期上涨，必然引起工资上涨：如长期下降，必然引起工资下降。价格暂时变动对工资没有多大影响。何以在荒年工资通常要下降？由于妇女和少年参加劳动，工资要下降。

对劳动需求的大小决定于投入生产方面的资本的大小以及工人阶级的安静状态如何。在这种场合各国之间的差别。

二、工资的历史

最初到处是以农奴制度开始的。后来随着各下层阶级获得自由程度的提高，工资愈益显著地形成。在一国的生产发展最快的时候，工资达到最高峰。由政府当局公定工资问题。在国民经济衰退的时候，工资下降到最低点。工资高的国家，例如迅速发展繁荣起来的殖民地。停滞状态的国家，如中国；退步的国家，如东印度。英国工资简史。高工资与民主主义自由思想的关系；低工资与金权政治、民主政治的关系。欧洲工资的统计比较。

雇主或工人对工资作人为的规定之协定。在这种交涉中，工人几乎经常处于不利地位。有关上述问题的各种法律规定。工人定期向高工资的国家移动。

〔参考文献〕马尔萨斯：《政治经济学原理》，1820年，第267页以下。

三、各种劳动部门工资的差别

这种差别产生的原因可以归纳为下列各项：(1)工人本身的素质是属于普通一般的，还是属于特殊稀有的；(2)年限的长短及其必要费用；(3)劳动成果的可靠不可靠。为什么不能因为是不可靠的工作而不去保证其充分的保险费呢？（由于工人的社会地位。）由于妇女劳动和副业引起工资的低廉。(4)劳动中断（停工）的多寡。教会祭日的影响。工人早期失去工作能力。(5)劳动轻松程度。作业的困难、健康的考虑、职业的贵贱。为什么将很多人单纯当作娱乐的事情作为营业是不利的呢？（既没有特殊技术，又没有困难。）

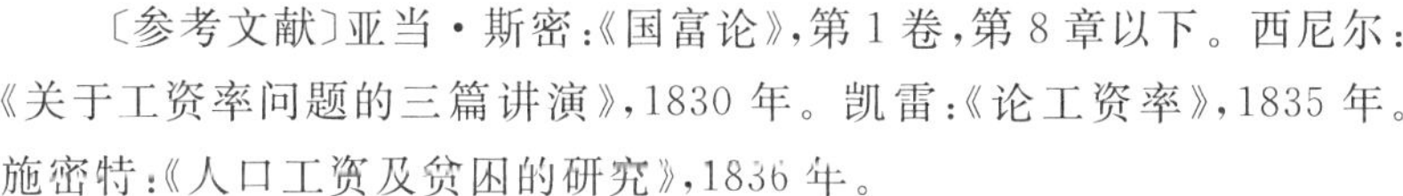

〔参考文献〕亚当·斯密：《国富论》，第1卷，第8章以下。西尼尔：《关于工资率问题的三篇讲演》，1830年。凯雷：《论工资率》，1835年。施密特：《人口工资及贫困的研究》，1836年。

四、企业主利润

企业主的一切纯收入，应视为他投入生产的他自己所有的土地、资本的产物，或应把它当作工资来看待。多数富人之所以获利是由于这一部分的收入。为什么在最高发展阶段企业者利润从整体看有下降的趋势？[①] 那种认为某一企业的资本较之别一企业的资本会带来更高的利息的看法是错误的。

---

① 罗雪尔：《国民经济学体系》，第1卷，第196节后半部，说明这种利润下降是由于危险减少和竞争增加。该书对企业主利润和工资分别在不同的章节（第195—197节）中讨论。——日译者

〔参考文献〕劳:《国民经济学读本》,第 1 卷,第 237 页以下。赫尔曼关于利润问题的论述可参见其《国民经济的研究》,第 5 节。

第十四节　资本利息

一、利率的高低

租金与货币利息[①]。

资本的需求与供给。所有资本具有产生平均利润的趋势。这种倾向在表面上成为例外的是冒险性企业中的高额保险费。短期借贷资本〔票据贴现〕的利率在工商业中常有很大变动,但在农业方面看不到变动。固定资本的利率与其他资本的普通利率相比,下降较显著,在固定资本很难或不可能转用到别的方面时,情况更是这样。反过来说,与其他普通资本的情况相比,从固定资本中经常获得高额的利息,这是极少有的。

在企业的纯收益中,企业主的工资如何与资本利息相区别呢?

二、资本利息的历史

为什么在最低的文化发展阶段,完全不存在利息这种东西呢?

国民的需求愈是增大,愈是需要对不毛的耕地和其他没有收益的地方更多地投入资本。这样,一部分降低的资本利息逐渐影

① 参见罗雪尔:《国民经济学体系》,第 1 卷,第 179 节——资本利息是指利用资本的价格,资本不一定要采取金钱的形式。利息当然与租金相区别。——日译者

响其他所有的资本利益，因此利率的下降经常与经济文化的提高相联系。在地租不变的情况下，工资提高利息就下降，反之亦然。

中世纪各国利率的大小问题。现代的俄罗斯、美国等国家利率的高低。为什么古代的利息比现代高？

利率的下降首先明显地出现在各个都市。为了对抗这种下降，资本的消费增加，从而出现地租减少或工资下降。不过这些终究不能阻止利率下落。机械和流通手段的增加对利率有什么影响呢？在国民经济还在上升时期的情况下，利率的下降本身就包含有防止其下落的手段。英国和荷兰的利率的历史。利率的最低点随着国民性的不同而有差别。处于完全没落状态的国家利率经常重行上涨。

资本转移到利率高的国家去的方法：(1)资本家移居国外；(2)临时投资；(3)特别是通过信用来进行。这种信用的成立，与其说是通过直接借贷的方式，不如说是更多地通过延期支付的方式。一国的资本愈丰富，信用期限愈长。

〔参考文献〕赫尔曼关于利润问题的论述可参见其《国民经济的研究》，第 5 节。莱拜留斯：《公信用论》，1820 年。

三、禁止高利贷

宗教方面禁止利息的一般情况——摩西、穆罕默德及其他。《出埃及记》，第 22 章第 25 节；《利末记》，第 25 章第 35 节以下；《申命记》，第 23 章第 20 节(按系第 19 节之笔误——译者)以下、第 15 章；《诗篇》，第 15 章第 5 节、第 109 章第 11 节；《箴言》，第 28 章第 8 节；《耶利米哀》，第 15 章第 10 节；《以赛亚》，第 18 章；《尼希米记》,第 5 章第 1 节及第 12 节。

中世纪对利息的厌恶可以从下列情况得到说明,即当时金钱的借贷差不多只在万不得已的情况下才发生,而且利率太高。古代罗马禁止利息的历史。并非所有的神父都不许征收利息,而只是后期的神父们,由于野蛮民族的侵入恢复了最古经济文化阶段的利息关系,才不许征收利息。在教会法学的法律中禁止利息逐渐发展;中世纪后期禁止利息有了缓和。付息购买[①]。从付息购买过渡到真正的有息的金钱借贷。

〔参考文献〕米卡埃力斯:《摩西禁止高利贷法的精神与方法》。缪勒:《放高利贷地区仇恨的动因和历史》(哥廷根应征论文),1821 年。马丁·路德:《高利贷的教义》,1519 年;《关于商业与高利贷》,1524 年。

法定利率。在所谓诛求(高利贷)之中,可分为对利息的诛求、本金的诛求和复利等。法定利率的规定一般是极容易逃避的,但这对债务者自己并没有多少利益。如果严格执行这种法律规定,将减少资本的借贷和资本节约,而增加对国外的信用贷款。如果逃避法律的规定,则被迫借款的债务者通常要对债权者补偿由于法律规定债权者所经受的危险。对任何资本都规定同一利息,这是不公正的,对有危险性的贷款、小额借款、短期贷款更是这样。这就是废止任何一种高利贷禁止法,包括小额贷款情况下的高利贷禁止法不能承认的理由。因此,对于本金的诛求和复利计算,特别应该经常加以禁止。法院所规定的法定利率,当然不应过于离

① “付息购买”,据罗雪尔:《国民经济学体系》,第 1 卷,第 191 节的解释,意指:“土地的所有权留给债务者,而通过支付实物利息将这种土地置于负债关系之下。”——日译者

开普通的利率。债权者的地位越低，法定的利息越高这一原则，已成为立法的多数。

〔参考文献〕边沁：《高利贷的辩护》，1787 年。杜尔哥：《关于有息贷款的笔记》，1789 年。京特：《关于高利贷及高利贷禁止法的全面研究》，1790 年。克斯：《论废除高利贷禁止法》，1791 年。

四、资本所有者

交易越是复杂，对某一种事业中一时的资本过剩和某一种事业中一时的资本缺乏进行平均化工作的中介者就越需要。这就是**银行家**。在低级的文化发展阶段，古代也好，现代也好，都由寺院执行这种业务。

国民经济越发展，国民收入三部分的区别就越显著。随着地租的增长，没有希望获得资本和土地的工人阶级以及与之相对立的权力强大的资本家阶级相应地发展起来。在各高度发展的国家中，国民的自由受到损害，终于招致与其相对立的**金权寡头政治**和大众无政府主义的各种理由。关于罗马后期的骑士阶层与元老院、平民和都市国家的对立的说明。佛罗伦斯金权寡头政治的形成。

第十五节　关于国民收入的结论性的考察

一、三种收入对商品价格的影响

李嘉图关于工资变动的影响的谬论。李嘉图的法则——工资上涨会引起一切机器产品的价格下降，尤其是生产机器越是耐久，其价格下降越是显著。

对消费者有利的是任何国家不会发生三种收入同时增长。企图阻止仅有一种收入上涨的生产者的方法。

〔参考文献〕李嘉图：《政治经济学及赋税原理》，第1章，第3节。

二、从国外获得的收入的作用

在资本缺乏的土地广大的国家，对外国人购买土地是尽量给予方便的；在自然富饶而人口稀少的国家，对外国工人的移居是尽量提供方便的。对外国资本的借款，在利率高时通常是有利的。

〔参考文献〕萨伊：《政治经济学概论》，1803年。

三、三种收入的政治性质

土地所有者、劳动者和资本家对整个国民经济的发展，各在怎样的程度上发生关系呢？多数的立法原理对于土地所有者，特别相信其有很高的爱国心。一国的长久繁荣决定于各阶级本身的特性以及各阶级之间的协调；更决定于实际的贤明的贵族主义因素和自由活泼的民主主义因素的混合；同样，一国国民经济的持续繁荣决定于收入的各个部分以及大、中、小财产的协调关系。

真正独立的正式市民的收入①。

① 罗雪尔：《国民经济学体系》，第1卷，第203节："国民中最好的收入分配，是能够均等地享受财的最大数量，并且能继续从事生产的分配。如果国民的收入完全按均等的比例分配，则各人显然是彼此独立的。如果这样，则谁也不会有从事不愉快的职业的要求，这些职业不是将完会无人从事，就是将按照顺序从事。"——日译者

第三章　财的消费

第十六节　消费一般

一、生产的及非生产的消费

没有消费就不可能有生产。为生产目的进行的消费，是生产的。根据我们对生产的理解，凡是有用的消费都应称之为生产的消费。消费时实际消耗的对象当中存在严密的区别。货币“留在国内”这种日常的观点是危险的、错误的观点。[①]

消费由自然、风气和时髦等原因引起。在这种情况下存在地理的、国民的差别。时髦一般是否会改变国民财产的数量？[②]

二、生产与消费的平衡

没有欲望的人常常想停止劳动。因此，只有与欲望的增长程度保持同一比例，生产方能经常增长。在低级文化发展阶段，由于

① 罗雪尔:《国民经济学体系》，第 1 卷，第 210 节及注 3——以将货币留在国内为理由经常为宫廷的浪费作辩护。——日译者

② 《国民经济学体系》，第 1 卷，第 208 节:“时髦将使过去的财失去价值，从而改变财产的数量。”——日译者

衣食容易获得，所以人们很懒，尤其是对比较高级的欲望，他们的感觉极其迟缓。所以我们看到在中世纪的任何国家，要有很多的人专门从事生产以满足最必需的不可或缺的各种需要。爱尔兰、新西班牙与英格兰的比较。随着满足物质欲望的生产的增长，满足精神欲望的生产亦将大为发展。二者对生产的界限存在于土地拒绝生产更多的东西。

生产与消费的平衡的障碍——特殊的及一般的生产危机。分工越发展，它越频繁，越危险。有人这样说："因为产品经常只能用产品来购买，所以贩卖同时断绝是绝不能想象的。"这种论断是由于论者忽略了下面的事情：(1)这种主张如把整个世界看成一大经济体系，勉强算是真理，但是政治的界限往往严重妨害一国的过剩与别一国的匮乏之间的相互调剂；(2)即使全体生产者中的一半具有交换另一半人的产品的能力，但它还不是具有必然要去交换的意志。在这种情况下，财产分配方面一发生急剧变化，就会带来生产危机。

〔参考文献〕马尔萨斯：《政治经济学原理》，第 345、522 页。马尔萨斯和萨伊：《论当前商业萧条的原因》(劳译及解说)，1821 年。(该书收集了马尔萨斯的《政治经济学原理》中的这一部分及萨伊致马尔萨斯书：《关于政治经济学的若干问题，特别是关于商业一般萧条的原因》，伦敦，1821 年。)西斯蒙第：《论消费与生产的平衡问题》(见《百科全书杂志》，第 22 期，1824 年)。萨伊的论文(见《百科全书杂志》，第 23 期，1824 年)。浦尔泰鲁埃：《是否可能生产这样多的东西，就能更多地消费呢?》，1834 年。

三、战争的经济后果

虽然是战争，但也未必都应视为非生产的消费。在接近战场的一切地方，只要不致荒废，地租是会腾贵的，资本的利润一般也会提高，因为战时负债和战争本身的破坏作用，将增加资本的消费。但工资将会因上面两个原因而下降。不过如果战争使多数人离开他们所从事的工作，又当别论。在任何战争中都能看到的最一般的现象之一，是货币的交换价值的下落。为什么由于战争工业比农业受的打击更大，穷国比富国更多，以及古代和中世纪所受的打击要比现代大呢？

四、国家之间消费品的交流

如果以前一直消费国产品的人，现在转而消费外国产品了，则过去的国内产品的供给者确要蒙受损失；与此相反，由于对外国商品的供应必须支付其代价，生产这部分国内产品的人将会获利。再反过来看，如果停止消费外国商品而改用国产品，则产品的销售得到扩大的国内生产者就将获利，而供给作为输入外国产品的代价的〔生产品的〕生产者则受到损失。北美的各工业州与各农业州之间的关税税率的斗争。西班牙的加塔洛尼亚州与安达卢西亚州。

上述若干根本原理非常适用于不在地主制下的情况。过去人们过于夸大不在地主制经济上的不利，现在不少国民经济学家则又过于忽视其政治上不利的一面。①

〔参考文献〕赫尔曼关于财的消费问题的论述，可参见其《国民经济的研究》，第8节。摩尔根：《论不在地主制》，1825年。

① 《国民经济学体系》，第3卷，第38节，注12："不在地主制虽然在经济上并无不利，但因缺乏国内统一而有其不利。"——日译者

五、浪费、吝啬、节约

浪费较之吝啬看起来并不是那样可恶。但是从经济的观点来看，浪费比吝啬更为有害。大规模的浪费会长期提高商品的价格和利率。在商品的生产与需求一致时，浪费者一旦不能继续消费，生产者就会遇到危机。

节约会趋向适当的贮藏、使用资本、生产资本等方面。第一种情况还可以分为货币的积蓄和直接消费品的贮存。这些方面的效果。但这些情况未必能带来真正的国民财富。属于生产的消费的节约。属于国家支出的节约和浪费。

第十七节　奢侈

一、奢侈的理论

奢侈这个概念完全是相对的。奢侈是指各个个人、各个阶级或各个国家、各个时代从它们各自的立场来看是不必要的消费。高度的教养一般表现在人们增加欲望的种类和强度并且获得满足之中。但是这种新的或提高了的欲望有一种限界，即它不成为更高教养的原因和结果，而开始成为恶化的原因和结果。例如不道德的、不合理的那些欲望就是超出了这个界限的东西。由于各国经济力量不同，在一个国家被指摘为奢侈的那种享乐，在另一个国家却被认为是有益的生活享受。

〔参考文献〕休谟：《论艺术的洗炼》(见《论文集》，1741 年，第 2 卷，第 25 页以下)。伏尔泰与卢梭。杜孟:《奢侈的理论》,1771 年。宾托:《奢侈论》,1762 年。劳:《论奢侈》,1817 年。

二、奢侈的历史

某一时代的奢侈常常主要趋向于最低廉的财货。在低级的文化发展阶段,工商产品的奢侈是极端受限制的。流行的变化很少。奢侈更多地趋向国内的农产品,特别是追求数量多。当时多数无益的婢仆、大规模的自由作客的习惯。建筑城堡的结构。大规模的祭祀。相反,一般日常生活愈益平凡。中世时期的例证。高尚的奢侈首先进入教会和城市。处于完全繁荣时期的国民的奢侈,与其说是趋向于不愉快的华美,毋宁说是趋向于健全朴实、有趣的生活享乐。这种情况下的奢侈与节约有关联。这种良好的效果广泛地普及到整个生活和全国各个阶级。国家的奢侈在这个场合是最大的。这类奢侈的道德的、政治的、经济的条件。英国的例子。在没落的国民中奢侈带有不合理的不道德的性质。为了毫无意义的享乐,支出莫大的费用,消费支出的数量多本身成为它的目的。不自然、软弱代替了美丽和享乐。下层阶级的贫困。初期(低级文化阶段)的单纯的放纵向狡猾的放荡接近。罗马帝政时代的例证。这类奢侈与 18 世纪绝对君主专政时期的宫廷的奢侈的比较。奢侈的时代区分与文学的时代区分之间有类似的关系。作为整个这三个时期的例子——古代的葬礼。东欧的奢侈。

合理的奢侈创造将来所必需的预备基金,在刺激那些热心的模仿者的限度内,它有促进生产的好处。

〔参考文献〕著者论文:《论奢侈》。迪特里希:《普鲁士和德意志关税同盟的最主要贸易品和消费品的统计一览》,1838年。

三、奢侈的禁止

奢侈禁止法始于奢侈的第一期至第二期的过渡时期。关于食桌、葬礼、衣服等等的规定,通常是按照身份等级关系严格区分的。因此凡属取缔和制止低级文化阶段偏向的那些规定,大都是有益的。这是因为它有助于第二期华美的奢侈的到来。处于繁荣期的国民不需要这类指导。禁酒同盟。第三期的奢侈禁止法,禁止出现最浮华的不道德的浪费,这至少对削弱堕落势力是有效的。一些有德的皇帝的例子。希腊、罗马、西班牙、法国、德国的奢侈禁止法。对流行起来的酒、烟和咖啡的禁止。为什么这类禁止通常是无效的呢?当一国政府认识到这个道理的时候,通常将禁止奢侈改为征收奢侈税。但目的大多在于获得财源。这时,警察的目的实现得越少,对达成财政的目的越有利。孟德斯鸠的相对的禁止奢侈的主张。

对国民的祭祀、剧场、酒馆、旅馆、赌博、彩票等等的取缔和监督。

〔参考文献〕勃赖特奈:《罗马奢侈禁止法》,1751年。卜克斯曼:《罗马奢侈禁止法典》,1816年。沈姆派亚及瓜里诺斯:《西班牙奢侈禁止法规的历史》(二卷),1788年。维尔托:《法国奢侈禁止法的形成》。龙德:《论奢侈禁止法的历史》。潘林格:《论奢侈及奢侈禁止法》,1826年。

第二编

国民经济

第一章　原始生产

第十八节　狩猎和渔业

一、狩猎民族和渔业民族的一般特征

一般说来，渔业较之狩猎更为简单，但由于渔业民族具有定居的性质而且靠近海滨，它较之狩猎民族自然易于早一点进化到一定程度的文化阶段。人们常常兼做这两项工作，夏季从事渔业，冬季则从事狩猎。狩猎需要很大的努力和机智，更常常需要勇气。真正的分工还未完全出现。收入非常不正常。民族的理智很差，也不考虑将来，很少考虑到剩余产品的节用，当然也很少考虑到资本。各方面都极其鲁钝不灵。与这个时期如此极端单调相类似的例子还未见过。狩猎民族在生活上需要广大的土地，因此他们形成小规模的群居，集中在一起生活。由于他们在粮食来源的节约或增加方面不采取任何措施，因而兽类的头数总的说来必然要减少，而且民族的人口从历史上看来只有日益减少。国家生活非常散漫而不统一。复仇。财产共有。这类野蛮人互相争夺猎区，差不多永久在斗争中生活。他们还彼此为捕人而斗争。嗜好人肉。

这样的情况是自然状态下的事情，但在哲学家的梦想中它被描绘成美好的境界。

狩猎民族与文明的国民接触，它就受到压迫。例如与北美印第安人作战时杰克逊的战法。① 北美的脱拉勃族可以看做是文明生活与狩猎生活之间的中间阶段。

〔参考文献〕罗伯逊:《美洲史》,1777 年,第 4 卷。施托尔希:《俄国的历史统计图解》(1797—1803),第 2 卷。还有亨特和卡特林的北美印第安旅行记。

二、高度文化发展阶段的狩猎和渔业

国民经济越发达，狩猎及淡水渔业的作用就越不振。当初那种最主要的生产活动也衰落成为单纯的娱乐。人口逐渐增加，不仅直接地而且也间接地缩小森林地的面积，使兽类数目趋向根绝。因此为保护这种狩猎行业完全不受损失，就必须限制这方面的权利，即对土地所有者、领主、诸侯的本来属于他们自由的游猎活动加以限制。

狩猎的特权。高级及低级的狩猎。狩猎高等权利。狩猎规则。对野兽为害的防御制度。渔业者规则。

阿格西兹②关于繁殖德国鱼类的建议。狩猎和渔业只是在文化水平低的国家才具有重要的国民经济意义。北美及西伯利亚的

---

① 据罗雪尔:《国民经济学体系》,第 2 卷,第 9 节,注 6,系指新英格兰将军杰克逊命令军队乔装成印第安人进行奇袭。——日译者

② 据罗雪尔:《国民经济学体系》,第 2 卷,第 175 节,注 3,阿格西兹主张贩卖繁殖期的鱼类,他是当时的地质学家、生物学家。——日译者

毛皮兽类。伏尔加河及里海的捕鲛工作。

相反地,海洋渔业则随文化的提高而发展。现代最有力的商业国家经常重视这一事业。捕鳈业。捕鲸业。这两种渔业对发展海员有重大意义。南北极的远征。

第十九节　牧畜

一、游牧民族的一般特征

从狩猎向畜牧的转变。在游牧民族中资本开始形成,因此出现贫富差别。在这里,被征服者成为奴隶。游牧民族的空闲时期开始有手工业的萌芽。只是由于人口稀薄,分工决不可能广泛发展,加之他们主要的牧畜事业需要他们不断流浪,就更其如此。因此,只要一个民族还处于游牧状态,他们之间差不多不会有什么变化。对内商业在这里难以形成,但是他们的游牧生活却适宜于中介商业。从游牧向农业的转变。

关于蒙古高原及阿拉伯、北非洲的沙漠地方情况的叙述。居民的生活方式及畜牲财富。他们的生活虽然简单,但却是高尚的。游牧民族具有强烈的宗教信仰。从政治上看,在这里他们根据地形条件选择一样的位置,只过小规模的群居生活。在他们的群居生活中实行父权制的组织。在那里人格自由的精神极其强烈。由于生活方式是平均的,所以在自由民之间并没有任何阶级的差别。游牧民族已经利用有利的地理条件防备外患。例如达莱幽斯族和斯鸠登族之间的战争(波斯,公元前 514 年)。

在中世纪的初期阶段，游牧民族的世界可以肯定仍然一如过去。例如一般可以看到的复仇权及掠夺行业。

有一些有能力的酋长，曾将各个游牧民族长期地纠集起来侵入邻近的文明国家，并作为征服者而君临于他们之上。例如：基罗斯（波斯）、阿尔萨克斯（帕尔夏）、阿蒂拉（匈奴）、穆罕默德（撒拉逊）、成吉思汗（蒙古）、达迈尔兰（鞑靼）。看来，这大概是游牧民之间所易于出现的人口过剩，迫使他们从事这种民族的向外扩张。

由于所有的民族都经过游牧时期，这就成了在规定世界史的依据中的一种主要线索。它提示了各个民族的适当的居住地，并且它还是探索所谓在老树上接新枝而重获新生的一种线索。

游牧生活的惊人的强大战斗力。游牧民族的战法，它虽然难以对抗有训练的武装齐备的军队，但同基础尚未巩固或已经老朽的文明民族战斗却是容易取胜的。（国境城墙。军事界线。）

在游牧民族的经济特征中，可以说这含有解释东方各国历史的钥匙。

〔参考文献〕参照《旧约圣经》及赫罗多特第 4 卷。此外还有阿拉伯的年代史家爱尔玛金和阿布尔菲达的 13、14 世纪的蒙古旅行记。巴哈杜尔：《鞑靼民族的史谱》。布尔克哈德：《关于包乌因斯与维埃布斯的记闻》，1830 年。

二、高级文化阶段的牧畜

在高级文化阶段，牧畜经常完全成为农业的附属。但也有某些地方由于土地高峻，不适于农业，仍持续地从事牧畜。在这些地方，人口和经济的文明早已达到极限。通常这些地方的居民有强烈的移居国外的倾向。低级文化阶段的各种缺点也与它的各种优点相结合。

北部沿岸低地及匈牙利的牧畜。

〔参考文献〕邦斯泰登:《瑞士牧畜地区的通讯》,1782 年。卡斯特霍费尔:《南阿尔卑斯旅行记》、《布留列的阿尔卑斯旅行记》。施泰因米勒:《瑞士高山经济的记录》,1802 年。

农　业

农业的一般的政治特征,它的促进文明和阻碍文明的各种特点。农业的贵族的、保守的性质。

〔一般农政参考书目〕杨格:《政治算术》,1779 年。约弗拉诺斯:《对马德里农业经济社会的农业法规草案的意见》,1816 年。朔普夫:《奥地利各邦的农业经济》,1835 年,3 卷。登尼格斯:《普鲁士农地耕作法规》,1843 年,3 卷。黑林:《普鲁士农业立法》,1837 年。哈特豪森:《普鲁士帝国各邦的农业制度》,第 1 卷(东西普鲁士),1839 年。克洛森:《巴伐利亚耕地法的批判的综合》,1818 年。戈尔德曼:《关于土地所有权解放的赫逊大公的立法》,1831 年。伏尔奈尔:《法国农业法》,2 卷。辛克莱:《农业法规》,1821 年。

第二十节　国家权力的发展与小法人团体之间的矛盾

在国家形成的初期,各个成员受到整体的约束、即受到国家的要求和国家机能的影响还是很少的。国家的目的随着文化的发展而愈益广泛。在低级文化阶段,大部分政治上的要求可以由与国家对立的自治小团体来满足。如家族、组合、公共团体、等级、州等。不久国家即与这些小团体发生纠纷。国家要剥夺它们的政治机能,使家族仅仅成为单纯追求个人利益的存在,公共团体和州只是地方的行政区划单位,组合和等级只是警察的、法律的制度。随着各个成员对这些团体的需要程度的降低,各个成员也就更少需要通过它们来结合,同时也必然是在更小的规模上被结合了。

在国民的繁荣期,这些小团体都无条件地服从国家,并且出现在其活动力还持续的场合。在这种场合,统一、多重秩序与自由处于最完整的均衡状态。但是发展到下一个阶段,国家就将小法人团体全部融合在一起。因此,如果一个国民仅仅当作彼此没有联系的个人而与中央集权相对立,则这个国民可以说不过是一粒微尘,它的生活是落后的,一旦遭受暴风骤雨的袭击,就会立即崩溃。上述的这种均衡在英国最早、最踏实地得到实现。

第二十一节 农民阶级的历史

一、日耳曼人最老的等级关系

从德意志历史的最古时代到卡罗林伽王朝(约在 8、9 世纪)在末期,我国国民可以分为两大阶级,即自由民与非自由民。前者又分为贵族与平民;后者分为依附民与奴隶民。

只有自由民才有复仇权,有在法院中作证、诉讼和陪审的资格,并在群众大会上有发言权。只有他们获准有正当的所有,不需要缴付未经他们承认的赋税。赔偿金及连带保证。[①]

担任国家的官吏好像主要是贵族的权利。贵族所特有的强有力的一点是，他有大面积的土地，因而比其他自由民拥有更多的依附民，可以集合所谓侍从家臣。贵族的赔偿金非常高。这些特权是世袭的。起先贵族是与王位结合在一起的。

所谓非自由民，在德国也像在其他地方所能看到的那样，通常是由于征服而形成的。奴隶。（奴隶作为一个阶层时称为奴隶民。）奴隶民完全被看成是物品——比奴隶民高一级的是依附民。庄园的家奴、从仆。这两种人对东家有从事各种劳役的义务。他们被授予很多采地，东家从那里征收实物地租。以上的这些非自由民不能参加国家的裁判。但是随着时间的流逝，在这里也形成了一种习惯法，即所谓庄园法。所谓庄园法是规定非自由民与东家的关系和他们相互之间的关系。国家的裁判与庄园的裁判之间存在着平行关系。

二、贵族政治——骑士制度的兴起、农民等级的压迫

这种情况的变化主要是下面三种因素引起的。

一、曾促进民族移动、成为新日耳曼王朝基础的家臣日益重要起来。早在7世纪时恩赐封邑已不容易从领受者的手中夺过来。宫廷大臣取代了王位。这一发展加强了贵族与平民之间的差别，却削弱了平民与依附民之间的差别。

① 赔偿金指受到损害时有要求赔偿的权利；连带保证，指氏族成员具有共同的权利和义务。——日译者

二、身居高位的帝国的官吏逐渐成为世袭的等级而独立起来。随之出现的是郡县集会的衰灭和帝国议会的出现。所有的自由和人格的自由都归地方的守护官掌管。这在卡尔大帝(768 年)继位以后尤为显著。

自从与诺尔曼人和匈牙利战争时代以后，战法有了变化。由于骑士服兵役和筑城的流行，小领地所有主不能独立了。在卡尔大帝治世时这一变化最为显著。以平等身份的战士和僧侣为基础的平民国家一变而为以阶级的骑士和教主为基础的封建国家。

旧贵族放弃了他们担任官吏的权利，从而获得了附属于世袭的私有地和封地的各种权利，现在他们成了领主。帝国直辖和帝国贵族的形成。领主土地上的居民从属于领主并受其保护。

与上述情况相对立，过去的平民和非自由民结合起来，形成了三个新的阶层。在他们形成时，其决定的因素并不在于他们过去的门第如何，而在于他们现在的实际力量。(一)首先，那些弱小的非自由民和弱小的平民是不可能从事任何骑士的勤务的。但代替这种勤务，在战争的时候对领主有承担劳役和纳税的义务，因之他们就逐渐形成为农民阶层。(二)强大的普通自由民，他们虽然失去了帝国直辖的地位，但仍然是佩带武器、承袭自由权利的平民。有陪审资格的自由民。陪臣(即帝国直属的诸侯之臣)。这些平民与属于领主的强大的依附民一起，逐渐形成为骑士阶层。早在 12 世纪这些阶层就形成了。为了征服异教徒(十字军——1096－1270)，西欧各国全部结成一体，因而骑士阶层与教会一样，在整个西欧成为不可分割的整体。罗马教皇与皇帝成了这一观念支配的基督教徒王国的领导者。贵族政治与教会的结合是常例。诸侯与国王都以自己曾是骑士为荣。骑士教团。上级和下级的贵族（贵族和士族）。（三）最后，自12世纪以后，都市中的作为自由民的都市贵族与依附民中的手工业者结合起来，形成了市民阶级。

只在由于地形关系完全不允许筑城和骑士服役的少数地方，农民维持了他们过去的人身自由。帝国纹章〔指直接由帝国规定的封地的资格〕。

三、绝对君主政治

到了14、15世纪，欧洲基督教徒联盟的理想失去了它的力量，骑士教团也丧失了它已获得的地位。由于都市的兴起产生了一个阶级，它们在教养与财富方面与骑士相当，在巩固的团结力面又不比它们差。各个大学的设立。罗马法的继承。同时，封建军队逐渐丧失能力，因此更多的雇佣兵被使用，尤其是在火药发明以后，战法技术逐渐发生了变化。步兵和炮兵的作用提高了。

这些情况被壮大了的王侯权力所利用。在这一时期，在德国是诸侯、而在其他欧洲各国则是国王获得利益的一些理由。

在这一时期支配整个欧洲的是集权化与闭关封锁的国民国家的精神，这种精神将国家从封建制度下的松弛和虚弱的状态，提高到绝对君主专政的强大的统一状态。一群大诸侯实践了这个精神。

西班牙及其邻邦——斐尔特朗特和伊萨拜拉（1479年西班牙

王国的建立）、克西迈莱（斐尔特朗特王的丞相）、卡尔五世（1519年）、菲利浦二世（1556 年）。

法国——路易十一世（1161 年）、法兰西一世（1515 年）、宗教战争（法兰西一世与卡尔五世之争）。亨利四世（1589 年）、黎希留（路易十三世的宰相，1624 年）、玛萨林（路易十三世及十四世的宰相，1642 年）、路易十四世（1643 年）——“朕即国家”。宫廷贵族。

最好的发展的例子是英国的阶级关系。在英国农奴制度和依附民制度并不那样显著。伊丽莎白（1558 年）解放了王室的最后的奴隶。自由租地人、登记租地人的形成。英国的贵族们在使比他们弱小的近邻成为帝国的陪臣方面，一直没有获得充分的成功。下级贵族经常有出席帝国议会的资格，在议会里他们与都市牢固地结合在一起，构成了下议院。蔷薇战争（1455—1485 年）。与其他国家一样，在英国斯图亚特王朝（1485 年以后）绝对君主统治大约延续了一世纪之久。但是不久以后，土地所有者的上层社会与工商业者的中层社会充分强大，与斯图亚特王朝（1603 年以后）进行了 90 年的抗争，因而在 18 世纪得以维持近代史上最自由最有秩序的社会组织。英国的贵族虽然立足于最强有力的贵族政治，但它决不是排他的。在这里，人们清楚地认识到集体主义思想归根结底远比利己心高尚而且对自己有利。

德意志下级贵族的特征。学者贵族和新封贵族。14 世纪的骑士同盟与都市同盟。为什么在德国骑士与都市相结合而不能形成德国的下议院呢？

16 世纪初，骑士放弃了维持一般国内治安的工作是一种失败。宗教改革。随着都市繁荣,农民阶级抬头。农民战争(1524年,及其他)。随后农民阶级没落,他们的全部力量由于长期的宗教纠纷而遭到破坏。由于罗马法占统治地位,法律家在判断自由农民的地位时,使他们处于更为不利的境地。三十年战争(1618—1648年)使无数农民的土地荒芜了。多数领主的贫困使从属于他们的农民状况更加恶化。

17世纪初以来,差不多所有地方的贵族都想与国王和解,归顺宫廷。骑兵制代替了骑士制。当时比武和修养的思想只限于旧的贵族之间。

四、民主主义运动——农奴阶级的解放

各国宫廷贵族占据国家要职的要求,逐渐为第三阶级所嫌忌。由于宫廷贵族除长子以外也袭用贵族的名称,因而贵族人数更为增加,而宫廷生活由于领地的分割,日益穷困。18世纪的法国贵族更加极端侈华。当时欧洲各国的上流社会,道德极端颓废。16世纪的绝对君主专政所怀抱的远大理想,已经连一点痕迹也没有了。自从路易十四世时代以来,那些被宗教神圣化了的、由艺术和学问所美化了的高尚纯洁的光彩也完全消失了。这种上层社会的新的生活方式不可避免地也要影响到下层社会,当然要更加有力地为革命准备条件,使革命激烈化。当时,贵族们过去的各种特权,失去它们的合法根据究竟到了什么样的程度呢?从这里我们可以明白在中世纪产生和支持贵族的舆论,到了18世纪却愈益与他们对立起来的理由。它的证明。

腓特烈·威廉一世(1713年)、腓特烈大帝(1740年)。七年战

争(1756—1763 年)[1],一般认为这是新思潮同旧思潮的斗争。

凡是由国王自己去解放农奴阶级、或强令贵族解放农奴的国家,各处贵族现在还维持着他们完整的势力。导致这种结果的原因是:第一,削弱中间势力的中央集权的发展;第二,国民财富状况的恢复和繁荣;最后,所谓仁爱主义。最初追求这种仁爱主义新时代倾向的力量是玛丽亚·泰莱沙(1740 年)、彭巴尔侯(葡,1782 年殁)和阿朗达(西班牙,1799 年殁),由于他们的暴虐,大部分未能善终。丹麦的解放政策确是获得了成功。约瑟夫二世(奥国,1765 年)的过激的错误的各种改革。

为推翻法国的阶级关系和所有关系而进行的革命。这种情况与其说是法律的滥用,毋宁说实际上是法律遭到了忽视。法国的各个占领国。

由于民主主义运动受到了摧残的普鲁士,经过贤明妥善的施政而获得恢复。施泰因和哈登贝格的改革(1807—1811 年)。德意志的宪法结构。

维也纳会议后(1815 年),对民主主义运动的反动。国王、贵族和教会重新结合。

五、结论性的考察

对希腊、罗马和斯拉夫等民族中相当于上述发展阶段的情况作简单的说明。

---

① 七年战争系腓特烈大帝与奥、法、俄、瑞典等国对普鲁士同盟国之战。——日译者

贵族政治、君主政治、民主政治的精神。

第二十二节　耕作制度的理论和历史

一、耕作制度的种别

任何一块耕地都必须使用一定的资本和劳动。在国民经济学上，耕作制度的区别是根据资本和劳动的使用量的多少决定的。

从前的维尔几利亚州(北美)、巴西、斯堪的纳维亚等地的开垦农法。巴拉斯所介绍的南部西伯利亚的农法。

所谓分圃农法是将农地分为二部分：将住宅附近的土地用作耕地，其他则永久作为牧地来利用。耕地通常分为三部分：第一部分种冬季谷，第二部分种夏季谷，其余部分休耕。对休耕地的整理与施肥。三圃法、四圃法、五圃法。

区域交替耕作农法：任何一块土地都不用来作为永久的牧地，而轮流进行耕种。交替耕种的土地耕种作物数次以后几年就作为牧地，在这期间利用粪肥和腐草的绿肥使土地恢复肥力。第三年度休耕制。

谷物轮种农法的特点是没有纯粹的休耕地。谷物类和苜蓿类轮流种植。这一农法如得到充分发展，厩舍饲养的牧畜就会随之存在。莱茵地区、英国、伦巴第、法兰泰因的农法。

整个阶段的最后的方法是园艺农耕法。

更集约的耕作法可以从同一面积的土地获得更多的收获，但它需要更多的资本，需要更多的劳动量、技术和自由。

〔参考文献〕施韦尔兹:《实用耕作法入门》,3 卷,1823 年。屠能:《孤立国》,1826 年,1842 年再版。

二、屠能的法则

农业耕作越是需要花费人工,就越要以总产品的更高的价格作为前提。因此,在低级的文化阶段,实行粗放的耕作法较为有利;在高级的文化阶段,则实行集约的耕作法较为有利。一个完全“孤立国”的假设——即这个国家是圆形的,其土地肥沃程度到处都一样,没有可航的河流,中央只有一个都市。在这个国家,产地的谷物价格形成一种同心圆,并且像阶梯那样一层一层向下降落;距离圆心愈远,人们愈是采用粗放的耕作方法。这就是:园艺和酪农的农业经营地带、森林地带、轮耕地带、交替耕作农法地带,分圃农法地带,最后,由于距离远,到都市的运费与都市谷物价格一样的那些地方,只能当作放牧地带,它的外层只能专供渔业和狩猎之用。

上述构想在现实中的各种变化。更为集约的耕作方法目前只适用于位置好的农场,也适用于土地肥沃的农场。从空间上看到的屠能所构想的各个土地农耕地带,如从时间上看,也就是各国的各个不同发展阶段。在各个不同的发展阶段,正如其所固有的各个国家组织是最好的一样,各有其固有的农耕方法。农耕方法与国家组织的情况一样,从一种方法过渡到另一种方法是困难的,模仿外国的先例也同样是危险的。

〔参考文献〕古代——迪克逊:《古代的农业》,2 卷。德国——安东:《德国农业经济史》,3 卷,1799 年。伦格尔克:《德意志联邦的农业经济统计》,1840 年,3 卷。同著者:《梅克伦堡农业概说》,1816 年。施韦尔兹:《下埃尔萨斯农业概说》,1816年。同著者:《威斯特发伦与莱茵普鲁士农业概说》,1836年。劳:《莱茵州的农业》。〔比利时〕——施韦尔兹:《比利时农业知识入门》,1807年,3卷。〔法国〕——柯尔迪埃:《法国费兰德农业的记要》,1823年。德拉贝格内:《法国农业史》,1815年。杨格:《法国、西班牙等国旅行记》,2卷,1792年。〔意大利〕——西斯蒙第:《杜斯卡尼农业表》,1801年。布格尔:《农业,上意大利旅行记》,1831年。鲁莫尔:《伦巴第东部联邦旅行记》,1838年。〔西班牙〕——帕沙:《西班牙灌溉调查旅行记》,1823年,2卷。〔英国〕——泰尔:《英国农业知识入门》,1798年。马歇尔的下列各地农业经济论〔诺福克(1787年)、约克郡(1788年)、格罗斯特郡(1789年)、中部诸郡(1790年)、西部英格兰(1796年)、南部诸郡(1798年)〕。还有杨格的英国诸郡旅行记:《英格兰南部各郡及威尔士六周旅行记》,1768年;《北部英格兰六个月旅行记》,1770年;《一个农民东部英格兰旅行记》,1771年。杨格:《爱尔兰旅行记》,2卷,1780年。〔拉脱维亚〕——杜罗斯:《库尔兰的农业》。

第二十三节　土地所有关系

一、土地所有的让渡与分割

在古代的日耳曼人中间,自由分割私有地不仅是当时所有者的权利,而且是全家族的权利,这可由下面的事情得到说明。第一,遗嘱制度在最古的德意志法律中还完全没有出现;第二,为了尽可能永久地将土地财产保存在全家族手中,在氏族继承中普遍把女性除外;第三,对于一切不动产,如果它的转让或处置不是出于不得已的情况,或者没有经过承认即加以处理,它的最近的继承人有权取消。对于被继承人的债务只用他的遗产中的动产部分偿付。关于各种取消权。

挪威的奥达尔法。[1] 英国的关于一切不动产的长子继承权。

中世纪后半期，大部分土地成为封建制的所有。这种情况下的忠诚的相互关系是爱护与服从。授予者有收回权和同意权；承受者则应服役与纳税。采地在最初任何时候都可以收回，10 世纪以后逐渐成为世袭的了。特别是伦巴第王国采地法的实行加强了这种倾向，一般说来它与所有权更为接近了。但在这时，即使有了遗嘱也决不能改变严格的采地继承关系，而且当时女性一般是没有继承权的。虽然当时的所有者的转让行为束缚了直接继承人，但除法律规定的所谓采地债务的场合外，对于氏族、共同承受者和领主，如果没有他们的同意，就没有任何束缚力。各种取消权。骑士领地的所有只限于骑士出身的人。

到中世纪末期，出现了分割制度与长子继承权。贵族（还有许多地方的士族）在家法中对此作出了规定。恩赐地继承权。长子继承和年长者继承的经济特征。贵族世袭财产的统计。这对维持强大而有为的贵族是必要的。然而这种制度，结果对长子以外的人，仅在肯定其能为国家、主家或教会等贡献劳务的时候才成立。否则，长子以外的人多数会有生命危险。各种革命的立法禁止了财产世袭。但在其他各点，由于所有党派都重视这种制度，很长期间国家政权几乎到处予以同意。这种承认有其特殊的政治理由。

所有农民的保有地，自中世纪以后，从所有权方面来看，可分为下面几类：第一类是从一开始就是自由民完全所有的土地，他们只对诸侯为了报答其管理而承担服役和纳税的义务。第二类是从

[1] 指六代世袭的自由保有土地的权利。——日译者

领主那里得来的，多数属于依附民的土地，有时也有属于自由民的土地。例如乡长的采地。这里第一次出现了依附民的世袭权——它自16世纪以后受到了国家法律的种种保护。这种世袭在低级文化阶段是没有必要的，在高级的发展阶段则是必要的。第三类是非世袭的农民保有地，这是在通知、定期、终身等条件下的租地。

中世纪的农地法规完全是限制个人而维护家族和郡主的，这从农民所有地一般不允许分割这一点来看就很清楚。农民保有地的继承人的份地、分家弟兄的份地、幼年继承人的委托管理、养老的份地。对保有地继承人有各种规定：年长主义、年幼主义。分家分出去的份地逐渐成为世袭的继承份地。农民对保有地的处置权，在他将其保有地拿去作抵押时，要受到领主的各种限制。如未经许可而擅自处理，农地即被收回。移住权也受到了封建制度的限制。

这许多制度在低级经济发展阶段不仅在政治上可以理解，而且在经济上也是合适的。但在实行集约的农法，土地的分割和质押变得更为自由的高级阶段，这些制度逐渐令人憎恶。采地的私有化，农民保有地的独立化。国王复辟后的英国的立法、革命时期法国的立法和埃那陷落（1806年）后德国的立法，这些立法使土地流动化了。于是到处出现显著的大量生产和地方人口的激增。除了这些经济理由，民主主义和金权寡头政治的党派也经常要求土地完全自由转让。前者的目的在于打破贵族的土地制度，废除长子的特权；后者的目的是无限地扩展其投机的欲望。

但是，如果土地的分割越过了这一点，即超越了足以维持一定程度的饲养牲畜的能力、施肥的能力和足以保持适当的分工的这一点，不仅生产要下降，而且农民阶级的道德也要败坏。不能认为土地的一切无条件的自由转让或分割都是有利的，这有其纯物质方面的理由。如果允许无限制的分割和抵押，则小土地所有者终将不能活下去，他的土地必然要为大农地所有者兼并和收买。那么这些小土地所有者势必沦为定期的佃农或日工，生活陷于贫困。这种极端的现象，在走向繁荣的都市工商业的发达还没有达到能吸收地方过剩人口的程度的时候，表现得最早。大农地所有引起了经济上和政治上的堕落。如果想通过立法使农民阶级，即作为一国基础的阶级获得自由，并进而保障其自由，则立法必须规定不允许分割超过的最小限度。规定这种限度时，如以耕作面积或使用家畜作标准，或委任地方监督官署自由裁决，是不妥当的。这种最小限度的规定最好以经过适当调查的地租为基础。在限制分割的同时需要有轮换地，都市的土地应完全自由。

在以色列、斯巴达、雅典、罗马、近代意大利等国家，同样的发展规律在起作用。

现代欧洲的土地分割的统计。我们到处可以看到的是，在文化向上发展的场合，土地的流动性增大，而在国民的繁荣期之后，土地不适当地分裂，结果是向相反的极端(兼并)恶化。

〔参考文献〕芬克:《论土地所有之无限制分割所产生的缺陷》，1839 年。派桂尔翰:《耕作法》，第 1 卷，1841 年。同著者:《普鲁士教会区土地问题》，1841 年。哈克斯特豪森:《北部德意志农法状况及其当前纠纷》，1829 年。许茨:《土地所有的分配对人民和国家生活的影响》，1836 年。科泽加尔滕:《对土地所有的让渡及分割的考察》，1842 年。鲁莫尔:《托斯卡纳移民无产阶级化的根源》，1830 年。模拉托内:《意大利古代文化论》，30 卷(中世纪意大利的风俗习惯，1733—1738)。

二、农场的规模及其调整

在农业耕作上愈是采用集约方法，农场的规模就必然要为适应这种耕作而愈益缩小。因此文化的发达含有缩小农场规模的趋势。俄罗斯、东部德意志、英国、法兰特的农场的规模。

农场规模之大、中、小的概念是相对的，使这些农场适当结合，在经济上和政治上是最理想的状态。大农场经营的利益在于它能促进分工、节约房屋和搬运工具等，并且便于大资本的投入；而小农场经营在人口稠密的情况下，通常可以在同一面积投下更多的劳动和资本。一般地说，大农场的纯收获量特别大，而小农场的总收获量特别大。过小农场经营是绝对有害的。农场过小，产品价格必然高昂（因为在多数场合这种产品特别需要投入更多的劳动力），因而它显得极为落后。工资劳动者为取得副业收入而耕种的土地属于过小经营。

分割地分散在远离住宅地的地方，或各块分割地分散在各处，这在高度的经济发展阶段将愈益成为一种障碍。这对投入资本和劳动、对交通和地界等都有不便。在三圃农业经营的场合，联合共同所有是必要的。

到了后来，土地的收获不必追加任何劳动和资本，而通过土地的调整无限增加。土地调整的障碍及其促进的手段。耕地整理法。

村落地制度和住宅地制度。[①] 在低级文化阶段，前者远为有利。它既对领主有利，也有利于增加生产上的稳定性，提供分工上

① 所谓村落地制度是耕地在杂居的情况下集中，在这种场合一般实行混合耕种和强制耕种。而在住宅地制度下，住宅地集中在中央，农耕地是适当调整过的。——日译者

的便利。在文化发展的高级阶段，则是后者有利。村落地制度的成立。对这种情况的统计。匈牙利的村落地的耕作方法是一种极端。各种土地本身有其最好的形式。

〔参考文献〕泰尔：《英国农业经营知识入门》，2 卷。《Julius 耕作年报》，1806 年。劳：《国民经济的考察》，1821 年，第 7 节。哈齐：《论土地的调整》（获奖论文）。李斯特：《耕地形式、过小经营与移民问题》（柯泰季刊，1842 年第 4 卷）。

三、公有地

任何一国财政都是从庞大的官有地开始的，同样，私人团体与公共团体的财政也是从庞大的公有地开始的。在文化的低级阶段这并无害处。特别是公共牧场，在分圃农法的条件下，必然为任何人所冀求。中世纪初期的“玛尔克公社”。

在农业耕作采用更为集约的方法、一切土地都交替耕种的时候，公有地成为极不方便的东西。在全面的分割不能实现的地方，采取了各种各样的缓和对策。对使用共有地所进行的各种改革。[①]

对公有地的分割，一般的与特殊的。公有地的统计。第一，应该由谁来决定分割？全体一致还是多数通过？最好希望做到各人分到的土地不发生相互交错的情况。第二，应该根据什么标准进行分割？这在利用权未明确规定的时候，会发生问题。平均的分割、按对公共团体纳税的负担额大小进行分割、按照住宅地的大小和优劣的标准进行分割、按照过冬的程度（即在所有地内能够过冬

① 据罗雪尔：《国民经济学体系》，第 2 卷，第 84 节，共有地是皇室土地的相对语，仍是一种共有的公地。——日译者

的家畜头数的多寡)进行分割。根据拥有家畜头数的多寡进行分割的办法最好。但在这种场合应当采取平均方法,或利用其他标准加以调节。混合标准。对一切公有地都加以分割是受到责难的。公有地分割的监督机构及其处理法规。

在经济发展的高级阶段,寺院所有地的所有当然已属不利。但在低级阶段,捐献附有土地的永久建筑物(不仅是寺院,而且包括学校)不仅是必要的,而且对文化有促进作用。

〔参考文献〕勒夫:《论玛尔克公社》,1829 年。迈尔:《论公有地的分割》,3 卷,1801 年。布格尔和沙赫尔迈埃尔:关于公共牧场的分割的应征论文。克勒贝:《论公有地分割的原理》,1821 年。

第二十四节　大农场经营方法

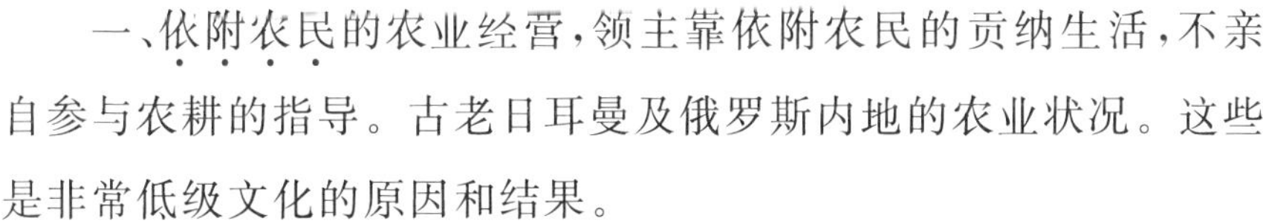

一、依附农民的农业经营,领主靠依附农民的贡纳生活,不亲自参与农耕的指导。古老日耳曼及俄罗斯内地的农业状况。这些是非常低级文化的原因和结果。

二、下一阶段是庄园农场,它与依附农民的农场分离,利用依附农民的徭役进行耕作。俄罗斯东海岸各州、民族法时代以后的德意志。

三、分益农业经营,领主与农民之间各得收获之一半,前者提供资本,后者仅提供劳力。这在苏格兰高原及革命前的法国极为普遍。这种方法在经济上的不利。

四、随着地租的增长,领主懂得了自己直接经营更为有利。所有者自己经营有更大的利益。大土地所有的管理人。各国对直接耕作的兴趣有差别。

五、佃耕制度的发生，只有在地租已经显著存在、同时具有管理大规模农业的充分知识和资本的中产阶级形成了的地方才有可能。当佃农阶级的地位获得尊重、尤其是得到保证时，农业就愈益改善，佃租就愈益增加。而且更为集约化的农业耕作，就已有使租佃期间长期化的趋势。英国租佃制度的历史和现状。

六、分佃租或再佃租。租佃的条件渐渐对佃租农民不利，这些条件使劳动工资的最低必要限度更加下降，而使资本利润的最低必要限度更加提高。在分佃租的场合，由于希望租佃者之间的竞争极其激烈，因而领主能借机使他的农场规模缩小到集约农业经营所必要的程度以上。这样，佃农阶级当然要崩溃。爱尔兰、葡萄牙的租佃制度。在上部和中部意大利，经过上述过程，差不多又到处陷入悲惨的分益农式的经营。东印度的农场主和农夫。①

〔参考文献〕加斯帕伦：《分益农法纪要》，1832 年。肯尼迪及格伦盖尔：《大英国土地租佃的现状》，2 卷，1828 年。费兰及奥梭立文：《爱尔兰州实例摘要》，1826 年。

第二十五节　农民的负担

一、农奴制度

农奴制度形成的最重要的原因是征服和贫困。在最低的文化

① 据 Palgrave《经济学辞典》的解释，东印度的农场主是对英国政府缴纳租税的农场主。英国的殖民政策最初是发展大农场主而忽视农夫的利益，破坏了原始村落共产社会组织。——日译者

阶段，土地是各个人糊口所不可缺少的手段，但如不去实际耕种就没有价值。由于资本还处于贫乏状态，在这种阶段，一切的需要驱使众多的贫苦人不得不用他们的身体去做质押或转让。在这里，农奴制度对于下层阶级是绝对不可避免的，对于上层阶级也是在任何地方实行分工所不可或缺的。另一方面，对于被征服者本人说来，农奴制度至少是一种压迫。文化教养愈低，对自由的要求愈少。

后来，当工资劳动形成的时候，各个人依靠工资生活更为容易。同时，从某一点来看，农奴制度是分工的最大阻碍。奴隶劳动是低劣的。因而在高度发展的国民经济中，奴隶劳动早已不够，自由劳动者则更为有利。而且随着生活的扩大和发展，农奴制度对于农奴本人也愈益成为压迫他们的枷锁。这样，民主政治终于极其强烈地要求解放农奴。日耳曼各个民族逐渐实行农奴解放的简史。关于现代农奴制度情况的统计。

在古代各民族中也重复着下述规律：即发展了的经济文化使对农奴的态度日益缓和，并且频繁地要求把他们解放出来。雅典、斯巴达、罗马的农奴制度。

到了各国民发展的末期，每当他们的经济和政治都趋于没落，下层阶级的农奴制度又常常主要由于贫困而重新出现。罗马的农奴。①

〔参考文献〕赖特迈尔：《希腊的奴隶和农奴制度的历史和状况》，

① 据罗雪尔：《国民经济学体系》，第1卷，第75节及注13，这种农奴多少受到一点法律保护。——日译者

1789 年。萨维尼:《罗马的农奴问题》(柏林科学院),1822—1823 年。金德林格:《德意志依附农民的历史》,1819 年。帕托吉赛尔:《论农奴阶级》,1736 年。阿恩德:《波美拉尼亚和鲁根的农奴制度史》,1803 年。埃格斯:《梅克伦堡的农奴制度的现状》,1784 年。雅可布:《自由农与农奴的劳动》,1815 年。

二、中世纪的徭役及实物缴纳

古代德国的村落玛尔克,对自由民和非自由民都同样按照正式农民保有地的数目进行分配,这叫做份地或其他名称。它又被细分为半份地给予农民。只有这些农民才有对公有地的固有的分配权。在这些农民之外,还有更小的耕作农民,他们大概是后来移居到这里来的人,如茅棚贫农、日工和新来户。还有不从事耕作的住户,他们或是偷偷地利用公有地,或是从事手工业或日工以维持生活。茅篷户、草房户以至纯粹的借住户和闲居食客。

一切农民的负担不是由于私有权的起源而产生,就是由于国家权力的起源而产生。前者多半带有佃租或其他代价的性质,后者则带有租税的性质。由于私有权而产生的缴纳大都称为租金或地租。由私有权而产生的徭役,往往正像它的各种名称所表示的那样,其中同经济目的有关的相当多。(耕作徭役、工事徭役、搬运徭役。)由于国家权力而产生的实物缴纳,称为课税、国库款、税款等等,这些都是租税的同义语。就徭役而言,其名称用国家或服从这类字样来表现时,可以推察它的产生多少是由于国家权力的原因。了解这些法律关系的资料,有自 15 世纪以来就差不多到处都已制定的田亩册。

由于私有权而产生的负担,不是农奴制度的结果,就是自由民之间借贷关系或租佃关系的结果。(A)农奴制度逐渐摆脱农奴的全部时间和全部收获都属于自己主家的原始状态。家务徭役、强制服役、手工徭役。在与主家的农场分开以后出现了耕作徭役。此外还有杂役、马夫役、跑腿役。从不固定的徭役转变为固定的徭役。(B)租金、炉灶租金。起初,如果所有人死亡,保有全部动产的继承权和整个农场的没收权;最后遗留下来的是征收部分遗产和征收部分让渡财产。献纳家禽。批准费、批准费的意义。签名费。初夜权。(C)管理人制度的形成。管理人的权利后来成为世袭的。

由于国家权力而产生的实物缴纳,其中有的是从伽罗林王朝的租税关系中引导出来的。由于地方权力强大,这些缴纳逐渐失去其租税性质而成为诸侯领地的附属物。同时,由于诸侯的保护和军备又出现了新的缴纳和徭役。对领主的徭役。在宗教改革时期这类负担显著增加。

〔参考文献〕雷塞尔:《农业法》,1698 年。克林格尔:《村落及农民法汇编》,1749 年,4 卷。斯特卢本:《农庄法》,1720 年。格泽纽斯:《管理人法》,1801 年,2 卷。哈格曼:《农业经营》,1807 年。许尔曼:《土地依附农民的自然徭役的历史研究》,1803 年。维甘德:《徭役、它的形成、性质、形式和命运》,1828 年。斯蒂维:《汉诺威王朝下土地所有的负担》,1829 年。隆策尔:《符腾堡的农民负担》,1832 年。

在一切实物缴纳中最重要的是**什一税**。在早就由罗马人统治的地方,大多是由私权关系而发生的,但在纯粹日耳曼的欧洲,则大多是由于国家权力的关系而产生的。缪赛尔和比恩鲍姆之间的对立意见。

什一税的历史和它的种类。

〔参考文献〕塞尔登：《什一税的历史》，1618 年。比恩鲍姆：《什一税的法律性质》，1831 年。屈伦塔尔：《德国什一税的历史》，1837 年。

在中世纪，这些负担中的多数不仅完全是合法的，而且是废除农奴制度、缓和苛酷的租佃关系的最好手段。在低级的文化阶段，除去实物缴纳和徭役以外不可能有其他东西。在只由土地和劳动力构成财产的情况下，租税必须专靠利用这些手段来征收。对领主来说这些缴纳是不可少的。在粗放的农业经营条件下，固定数额的缴纳是易于实行的。在文化低的地方，有不要货币而喜欢实物缴纳和徭役的现代实例。

〔参考文献〕缪勒：《与耕作相结合的工业政策》，1824 年。阿雷廷：《巴侯尔领主法，公共幸福的主要支柱》，1819 年。

三、近代的徭役及实物缴纳

在由于国家权力而产生的实物负担的法律基础已被真正推翻的同一时代，由于私权而产生的实物负担的法律基础，在国民的思想上至少已成为模糊不清的东西。由于国家权力而产生的实物负担的基础，特别因为租税征收制度而遭到破坏。

在全体国民辛勤坚毅的努力的场合，徭役制度成为有害的东西。在领主的裁判权被废除的时候，这种危害性更为增大。在高级的文化发展阶段，领主可以用日工来替代服徭役的农民。但在徭役制度组织得更好的场合，则不能全部废除。

随着文化的提高，实物缴纳本身变成了何等沉重的重压啊！尤其是定额实物缴纳已直接和间接成为一切集约的农业经营的障碍，不顾生产成本而按总收益规定负担，更是如此。“征收部分遗产"及"征收部分让渡财产"对于高级文化阶段是不利的。上述任何一种情况，对义务承担者的损害都远远大于权利获得者的利益。

〔参考文献〕克伦克：《什一税的害处》，1819 年。

因此，什一税的免除早就开始实行。中世纪的许多不固定的负担被固定下来。16 世纪英国什一税的免除。荷兰和北意大利的例子。什一磅税、承包什一税。[①] 农民解放战争之后的大反动。在 18 世纪后半叶，什一税的免除重新风行于欧洲大陆。首先是奥地利、巴登、丹麦。其次是由于法国革命而实行的免除。1807 年以后的普鲁士的法制。为什么任何一种免除，特别是完全正当地决定的免除，对一国贵族政治的构成产生不利的影响？

"免除条例"一般是通过下述过程、分阶段地实现其目的的。第一，将时期和价值不固定的缴纳首先固定起来；其次，将一切实物缴纳改为货币缴纳；最后，连货币缴纳也准备赎买回来。(A)应当根据什么人的建议加以免除？有关双方的建议权，只有承担义务者方面有建议权。巴登及普鲁士的原则的特点，轮番徭役与什一税必须将纳税人的多数表决与少数反对者完全结合。(B)应当根据什么标准来免除？要对权利者赔偿他现在所失去的那部分东西。在没收遗产、征收部分让渡财产、征收部分遗产以及固定租金的场合，必须了解权利的大小。在什一税的场合，情况更为复杂。必须核定其庞大的负担额和征税费用等等，根据这个核定向什一

① 据罗雪尔：《国民经济学体系》，第 2 卷，第 117 节，所谓什一磅税(Zehntpfunde 或 Zehntschillinge)是在观念上规定价值单位，但纳税的东西则不规定，听任自由；所谓承包什一税(Sackzehnten 或 Pactum)是由有纳税义务的公共团体承包此税。——日译者

税领主赔偿这部分收入的保证。对徭役的价值计算(按收入计算或按自由劳动场合下的费用计算)。对于过去实物缴纳中比较不公正的部分,是否需要加以合理的减少呢?为了赎买,将实物缴纳的负担按照普通利率予以资本化,但小额收入的场合属于例外。(C)赔偿的种类:固定的实物年金和货币年金的支付、采地的割让、定期年金的支付、利用资本的购买。这种赔偿的条件和结果。利率会因免除而受到影响吗?(D)国家对实行免除的干预。免除的法规必须极为稳定。免除监督官署。免除的信用机构。

在各种革命的法规中规定实物缴纳不能超过地价的一定比例。由于国家权力而产生的负担,显然应利用国库实行免除,但这样做在负担由于私权而产生的场合,纳税义务人就要受到过分的重压。

古代也如此。处于低级文化阶段时采用实物缴纳,在高级文化发展阶段采用货币缴纳。在以农民阶级为基础的各民族当中,实物缴纳自然又要占支配地位。

〔参考文献〕迈尔:《领主贡纳及其废除》,1803 年。福格尔曼:《巴登的什一税免除》,1838 年。明希:《论地租的出售》,1823 年。克伦克:《论什一税的废除、免除和变形》,1831 年。巴博和劳:《论什一税的免除》,1831 年。

四、牧地使用权(牧地的征用)

收割后的牧场及休耕地牧场。春季和秋季的牧场、森林地牧场。这些权利在耕作的低级阶段是完全有利的,但是以后对集约的农业却是很大的障碍。高级文化发展阶段的牧场使用权是不利的。免除的种类。英国的圈地运动。西班牙的牧羊地所有者组合。[①] 牧羊地权及羊栏权。

第二十六节　对物信用

农业信用制度的完成是与土地投资的增加以及土地所有的让渡和分割的增加，相平行并互为因果的。

债权者如欲获得充分保证，必须了解下述情况：(1)抵押的土地确实属于债务人而不存在任何优先处置权；(2)如已存在优先处置权，究竟有什么以前的债务对他的债权具有优先权；(3)以后的参与债权的人都处在他后面的位置。

私人的和公共的抵押。一般的和特殊的抵押。

一、旧的抵押制度

由土地抵押而产生的债务，在任何一国的中世纪时期当然是少见的。因为可以贷放的资本和借债的动机都不存在。在最古的日耳曼人中间只有“占有抵押”和“人身抵押”。后来有所谓“附有赎回条件的抵押”或“付息抵押”，这是在债务人死亡后仍可保证其债权的唯一方法。裁判上的手续。即充分实行特定主义及公告主义原则。

在古代的罗马法中，可以看到与它相类似的关系。即最初只是对人信任，以后有相当于付息抵押(Rentenkauf)的所谓信托买

① 据罗雪尔：《国民经济学体系》，第 2 卷，第 185 节，注 8，这种组合是 1556 年以后实行的，它根据季节变迁将牧羊地转移到山地或平地，在转移途中有权使用任何牧地。——日译者

卖,仍然是在公家的监督下进行的。抵押期满法。古代希腊的质权。

〔参考文献〕帖艾尔巴哈著作(书名不详)。穆赖尔:《质权民法史》,1814 年。

二、农业信用危机

为什么罗马的抵押制度,自从它开始统治世界以后,没有得到充分发展?其理由如何?逐渐出现了许多默许的和带有特权性质的抵押权。它对信用产生了不良的影响。这种抵押制度同其他法律一样是罗马法的继承。

对土地的贷放更加频繁了。在发生一般混乱的场合,或当作流通手段的货币价值显著变动的时候,农业信用受到很大的冲击,如果没有特殊的救济办法,地主阶级几乎不可避免要破产。对最近各种战争所引起的农业信用恐慌的说明。土地投机买卖。

恐慌的对策:(1)由国家对穷困的土地所有者给予金钱补助。腓特烈大帝在七年战争后对骑士领主的补助。丹麦的信用金库(1814 年)。(2)延期支付,特殊的及一般的。特殊的延期支付是危险的。在一般的延期支付的场合,下述情况将成为问题。即:土地所有者阶级应为资本家阶级的利益而牺牲呢?还是相反,资本家阶级应为土地所有者阶级的利益而牺牲呢?(3)信用组合:一定地区的农场联合起来成立一种组合,担任每个组合成员和他们的债权者之间的唯一中间人。这种组合从事债务证券、支付利息、支付资本等等业务。为了使组合有保证,各农场受到作为抵押关系或连带关系的法律约束。对土地价格的核定,对延迟支付者的没收。这种组合对于债权者以及债务者是有利的。债务的归还。一般真正强有力的保证非组合所能提供。组合对信用的不利作用都不是它所固有的东西。如何使农民也达到同样的效果？

〔参考文献〕雷克：《德国的信用制度及抵押制度》，1830 年。青默尔曼：《论梅克伦堡的信用关系》，1804 年。米特迈尔：《论延期支付》。施特鲁恩泽：《论国民经济学的主要对象》，1800 年，第 1 卷。博斯：《古代与现代麦克登骑士阶级的信用机关》，1835 年。一普鲁士人著：《巴埃伦土地所有者的信用组合的建立》（纽伦堡，1825 年）。

三、最近的抵押登记

18 世纪初期以来的改革的历史。古代德意志的两大原则：即特定主义与公告主义的再兴。所谓特定主义，即一切抵押权必须附着于特定的客体；所谓公告主义，即为了发生效力，必须进行登记。梅克伦堡及荷兰的抵押登记制度以及向什一税、使用权、永佃权等方面的发展。价格核定制度的各种危险。抵押监督官署。

反对新抵押制度的不仅来自法律家方面，而且来自贵族政治的立场和市民的自由立场方面。来自贵族政治立场方面的反对，是因为这种制度显然要促进土地转手；来自市民的自由立场方面的反对，是因为这种制度会促使凌驾于个人之上的国家权力，以极其危险的程度增大。总生产额的上升、利息的下降。德国的抵押制度结果不好。

〔参考文献〕米特迈尔：《论抵押制度》（《内务年鉴》，第 18 卷以后）。

四、〔附〕保险

保险是将各个个人的一种巨大损失，分摊给多数人来负担的办法。它一方面有很大的刺激节约的作用，另一方面也打击那些属于过失的破坏或完全出于恶意的破坏。冰雹灾害保险等属于例外。保险措施在国民经济中的效用在于它极大地保证了信用。

保险的历史。中世纪的保险与现代的保险的不同。从前的火灾保险是由国家来安排的，最近则一般允许民间的竞争。在动产的火灾保险方面情况更是如此。强制加入。相互保险和再保险。

为了使火灾保险的保险费做到合理，需要划分许多等级。不仅要看建筑物的种类、环境和它的用途，而且要看它的空间大小以及该地区的文化发展状况。文化程度愈高，危险的程度愈小。有关这一制度的注意事项。

雹害、家畜、船舶保险。

〔参考文献〕劳主编的《政治经济学杂志》，第3卷。布吕格曼：《普鲁士的动产保险》，1838年。

第二十七节　谷物贸易及谷物政策

一、谷物贸易

大量的谷物进口只有到了国民经济的高级阶段才有可能。相反，处于低级的经济阶段的各国才有可能持续地出口谷物。但在各种不同的文化发展阶段的国家之间也逐渐发生谷物贸易。谷物贸易有其本身的困难和危险。

古代和中世纪的谷物进口国家和出口国家的概况。荷兰的谷物贸易。关于地中海和北欧的现代谷物贸易的统计。

谷物是不可或缺的东西——即使它延迟几天也要引起灾难，而且谷物的消耗量极其庞大，用通常的贸易方法不足以满足需求。加之谷物的容积很大，即使是短距离的运输也要使价格加倍增长。

〔参考文献〕雅可布：《关于国外谷物贸易的报告》，1826、1828年。奥西安德尔：《欧洲各国商业运输问题》，第1卷，1840年。

二、谷价腾贵

收成的不同。同一年内不同季节的谷价变动。

〔参考文献〕翁格尔：《谷物价格条例》，1752年。为什么在各国的中世纪初期，灾荒最为频繁，也最为可怕？到中世纪后期，大量的粮仓（积谷仓）多少救济了穷困，这是因为国内治安不好，到处有此必要。这类积谷仓制度以后由封建领主的管账房继续维持下来。它的设备，损失。腓特烈大帝统治下的积谷仓制度收效良好。

在高级文化阶段，由谷物商人阶级来代理经营是最合适的。国民对谷物商人的嫌恶是极其深刻的。防止谷物暴利的政策和手段，只有在中等的文化阶段有效，在高级阶段绝对有害。国民经济是否充分发达到须有完全自由的谷物商人？国家和公共团体的谷仓是否还有必要？这些问题可以从谷物价格的稳定程度来判断。

灾荒对国民经济各产业部门的种种影响。最高价格和禁止出售都有弊害。在什么情况下禁止出口谷物是必要的呢？对于灾荒的各种姑息手段是有害的。只有在过大的都市、在文化高度发达的场合，国家才应采取直接的对策。

马铃薯的移植。马铃薯与谷物营养价值的比较。遭灾的国家之所以由于马铃薯而得到救济，是因为马铃薯对于下层阶级只是用来作副食品。如因种植马铃薯而使谷物的食用受到抑制，则反而有害。

〔参考文献〕赖马鲁斯:《论谷物贸易的自由》,1791年。诺尔曼:《谷物贸易的自由》,1802年。佐登:《关于粮食的立法》,1828年。赫伯特:《论谷物政策》,1755年。加里安尼:《谷物贸易问答》,1770年。尼克尔:《谷物立法与谷物贸易》,1775年。

三、谷物关税

谷物的出口税使国内谷价下降,进口税则使它上涨。禁止出口或禁止进口当然要提高其幅度。其实际结果主要存在于下述情况:即在限制出口时,将使资本和劳动中的一定数量人为地从农业转移到商业方面;在限制进口时则起相反的作用。限制进口通常暂时有损于经济,但是在政治上它带来的利益可以说是长久的。限制谷物出口只能增进都市居民和工业人口的利益,如限制谷物进口则只增进农民阶级的利益。

所以在中世纪一般都禁止谷物出口。中世纪存在的地方割据。在最发达的经济阶段会出现彻底的通商自由。以后由于都市人口和工业占了显著优势,而国内的农业不能维持同文化低的外国一样的价格,国家为了生存必须对谷物加以人为的保护。英国谷物法简史。1689年、1815年、1828和1842年的各种条例。

废除关税所产生的可以推测的各种影响:从长远看,对土地所有者不利,而对资本家有利。对劳动者只是暂时有利。这对整个国家组织以及在战时对每一个人都是危险的。

根据谷价变动的关税伸缩率。法国和荷兰对谷物的保护以及意大利和中国运用别的方法实行的对谷物的保护。

〔参考文献〕迪罗姆:《关于大英帝国的谷物条例及谷物贸易的研

究》,1796 年。雅可布:《关于保护英国农业的若干考察》,1819 年。李嘉图:《论保护农业》,1822 年。托伦斯:《论对外谷物贸易对一国财富的生产和消费的影响》,1820 年。

四、〔附〕开垦

在哪种情况下才应当从事开垦呢?国家逐渐以提供资金方便和征用土地加以支援。排水、灌溉、筑堤。特别是荷兰和腓特烈大帝时代的实例。庞廷(Pontin,罗马郊外康帕尼亚)沼泽地区。这种事业可以由所有者来担任,或者由其他私人或国家来进行。

〔参考文献〕林登:《哈莱梅沼泽地的陆地化问题》,1821 年。——《关于沼泽地区的行政管理及其耕地化的报告》,1787 年。勃戎尼:《庞廷沼泽地的历史及其水路学的说明》,1822 年。劳:《关于林特的排水工程劳动的考察》,1825 年。

第二十八节 林业

一、林业的经济特征

木材资本这一用语的不精确。

森林地租完全是地租中一种特殊的东西。林业区别于农业的各种特征如下:

(一)非常明显,它的产品仅仅是天然状态的产物。它很少需要资本和劳动的帮助。这种情况对木材价格的构成有影响。(二)林产物较之谷物,从价值的比率来看它的容积是大的。因此极少签订远距离运送的契约。屠能的法则在林业方面的应用。(三)林业与谷物耕种相比较，平均起来说需要土地很少，所以随着国家财富增长日益被限定在劣等土地上。（四）农产品的充分成长只需要几个星期，林产品则通常需要好几年。

对木材需要的不同——不仅同气候、人口和代用品的数量有关，而且同一国的道德风尚有关。俄罗斯的木材浪费。节约木材的方法。林业统计概览。

〔参考文献〕哈尔蒂希、戈塔、劳罗普等人所写的教科书。普法伊尔：《国民经济和国家财政相结合的林业经济原理》，2 卷，1822 年。鲍尔：《德意志联邦森林统计》，2 卷，1842 年。发梭-拉房奴：《法国森林的调查统计》，1829 年。比特纳：《论木材节约》，1830 年。

二、林政的历史

原始林。原始林的采伐对国土的气候有良好影响。将森林地编入国有林。这样一来，过去的森林共有者的权利就成了单纯的林地使用权。采伐权。捡木材、倒塌树木、木梢、折树木、其他采伐等。砍树采伐、削取树干、切割草坪、割草、扫聚树叶、林地食品、森林地牧场、其他等等。

高级文化阶段的乱伐森林是很危险的。这不仅对木材的需要有危险，对灌溉、气候及所谓永久森林地区也是危险的。对森林的特殊权力是在 16 世纪以后逐渐显著发展、终于完成的。例如，1669 年路易十四的法令。德意志各州的指定权。[1]

现在木材价格腾贵与木材缺乏这两件事应该加以区别。木材

① 据罗雪尔：《国民经济学体系》，第 2 卷，第 193 节，指 16、17 世纪在德意志各地实施的指定权，即只限于林政官所指定的森林才能采伐。——日译者

价格腾贵在高级经济文化阶段是难以避免的，只有运用人为的手段才能防止。对森林以集约方法加以改良比粗放的扩展要好。

林地使用权的取消。多数使用权应限制在适当的使用范围内。总之，在任何场合，（一）取消林地使用权与取消农地使用权一样，只在高级文化发展阶段才是妥当的。要警惕森林学者的偏见。（二）林地使用权，它的权利者属于最低阶层，而它的义务者则属于最高阶层，这一点与耕地使用权者有所不同。（三）取消林地使用权时，必须注意不要损害一般人所必要的木材需要。盗窃木材的危害。木材暴利。

〔参考文献〕布林肯：《比亚沃维扎帝国森林的记事录》，1828 年。琼莱：《森林地区自然状态下产品变化的调查》，1825 年。斯迪塞尔：《德国森林和狩猎的历史》，1754 年。弗立希：《狩猎森林法规》，1675 年。米伦坎普夫：《不同国家森林状态概观》，1791 年。普法伊尔：《德法森林法规》，1834 年。斯密德林：《符腾堡森林法规手册》，1822 年。1827 年的森林法（特别是由福奥克斯和弗利克斯编辑的版本，2 卷）。洪德斯哈根：《森林政策》，1831 年。普法伊尔：《森林使用权消失的概况》，1828 年。

三、林业的各种制度

任何集约的林业制度都可以保证有巨大利益，但需要花费巨大费用，所以只适用于高级文化阶段。林园式的植林法，即不划分林地，将林地作为一个整体来经营，从老树开始逐渐砍伐。划地植林法，即按树龄将林地分成几块，每次采伐从树龄最老的划区开始，采伐后植上新树。林园法。[1]

---

[1] 林园法包括为各种树木选择合适的地质，扩大每株树的间隔距离等各种特殊措施。——日译者

树林可按树木的循环年限分为下列几类：高林，即所有树木都达到充分的高度和硬度；低林，即不等到树木充分成长就进行采伐，让它从锯口重新成长，并将枯树换掉。中林，即总的说来在低林的基础上植林，使其中一部分充分成长。

有关高林的法规，如果树木的循环年限不失之过长，对木材生产是极为理想的。对于一般的所有者，循环的年限越短越有利。但这也有一定的限度。因此，私人利益与国家利益之间就发生了矛盾。劳说这种矛盾是表面的矛盾。由于有这种矛盾，所以必须有国家的监督。

由于高级经济文化阶段的森林更被限制在劣等土地上，所以从各方面看来，在低级文化阶段采取与耕地上所实施的方法相一致的经营方法是最适当的，即采取大农地、官有地及共有地、直接管理等经营方法是最适当的。

第二十九节　矿业

一、矿业的经济特征

矿业同狩猎、渔业一样都属于占有产业，但矿业在下述这一点上与其他二者有本质区别。在矿业中资本的费用是低廉的，劳动的功效是奇巧的，因而通常由于自然的作用就可以避免高昂的费用。矿业同农业一样产生地租。矿山的自然的质量差别。矿业与工业、尤其是与高度发达的工业有某种共通的性质。资本特别是大资本在矿业中有显著作用。对矿产品的加工精制较之农产品一般需要更多的人工劳动。由于它具有这种类似工厂的性质，所以许多矿业必须由国家、富裕商人或股份有限公司等来经营。如从劳动者的立场来看，矿业接近于工场手工业。为避免滥事开采的危害，需要有国家的严格监督。

〔参考文献〕赖特迈尔：《古代矿业史》，1785 年。施奈德：《古代金属历史选录》，1788 年。格梅林：《德国矿业史论》，1783 年。维优福斯：《矿藏的财富》，1810 年。洪堡：各种旅行记及《新西班牙政治论》，1809 年。豪斯曼：《斯堪的纳维亚旅行记》，第 5 卷，1811 年。同著者：《汉诺威群山的现状及重要性》，1832 年。魏森巴赫：《萨克森的矿业》，1933 年。哈塞：《从国民经济的历史观点看德国铁矿生产》，1936 年。

二、矿业组织

早在德意志帝同的初期矿山特权就在习惯上形成了。这种特权授给了各地诸侯。金印敕书。[1] 结果这种矿山特权成为诸侯大权的构成要素之一。

矿业的自由宣言主要是 16 世纪以后的事情。矿业的自由采掘制度——试掘准许证书。矿山的第一发现者（这种权利如不在一定期间申请即行丧失）。采掘的申请能确定矿脉所在地的露出程度。特别租借。根据矿业权的租借区。作为确定权利根据的借区簿及其清册。按矿区、表层及深度作出决定。矿业经营——个人经营的矿山、集体经营的矿山。检查人、矿山监督者、矿坑长。矿业的经营状况有：收支不相抵的矿山、收支可以相抵的矿山、资

① 据罗雪尔：《国民经济学体系》，第 3 卷，第 180 章，注 5，“金印敕书”意指卡尔四世在 1356 年将恩赐地中的矿山采掘权由皇帝之手转移到各个选举侯手中。——日译者

本呆滞的矿山、有收益的矿山。地主及世袭矿坑所有者的报酬。

国家的影响，主要根据矿业法规进行警察的和经济上的监督。在德意志，国家通常参与经营。矿山所固有的特权及其所固有的租税负担。国家的优先购买权。矿山的什一税。四季税。

〔参考文献〕弗赖斯勒本：《国家与矿业》，1839 年。瓦格纳：《矿业法》，1791 年。康克伦、哈克以及卡斯滕的矿业法。迈尔：《中世纪哈尔兹矿业史》，1817 年。施密特：《奥地利矿山法按年分类汇编》，22 卷。

第二章 工业

工业的一般政治特征。它的集中力及其紧张程度。工业与都市制度以及与国家的民主的进步因素之间的密切关系。

〔参考文献〕祖特尔:《慕尼黑工业政策概观,自开始至16世纪》。波佩:《工艺技术史》,3卷,1807年。

第三十节 中世纪的都市制度与工业

一、都市的形成

在都市的形成方面,罗马人给近代国民留下了什么?中世纪都市形成的原因特别在于下面几点:(1)国王及大地主的居住地方。教会、寺院。(2)商业道路、市场。(3)要塞、尤其是国境线上的要塞。亨利一世(916—936年)的各种改革。

所有都市的团体可分为:由自由民所组成的与由大领主、封建庄园等的依附农民所组成的两种。这两种团体的组织。当自由民与非自由民的团体并存于同一地方的时候,发生过许多摩擦和纠纷。为此规定了很多免税特权,特别在奥德大帝时代(936年)以后。由于这种免税特权,帝国管理官以及僧侣等将对自由民团体的国家官吏的权力转让给非自由民团体的领主。

都市的区域。[1] 都市权像殖民地的风气那样扩散了。

在新形成的都市中，旧自由民团体当然占优势，由于这种团体通常有一种久已存在的特殊的组合的结合，即利用所谓互助组合团结在一起，他们的优势更为增大。这种互助组合的本质及其目的。这就是罗马的“十人组”(Decurionen)的痕迹。这些旧自由市民变成都市贵族，与一部分依附民所组成的手工业者团体相对抗。由都市贵族人士中构成市议会。

我们可以看到，都市团体在12世纪就已进行三方面的斗争：(1)对近邻的骑士阶级的斗争。在意大利、英国、德国和法国，这种斗争的开端是不一样的。(2)对诸侯或国王的斗争。都市试图从他们手中解放自己。(3)对平民阶级的斗争。

〔参考文献〕艾希霍恩：《德意志法的历史研究》(见《历史法学》杂志，第1卷，第2期，及第2卷，第2期)。高普：《关于德意志都市的形成问题》，1825年。

二、行会制度的发展

手工业是由依附民经营的。中世纪的普遍协作精神使同种手工业者很快地按照组合形式集合起来。中世纪商业政策的各种制度也起了助长的作用。随着都市手工业者从农奴制领主的控制下解放出来，手工业者的特殊的贡纳和束缚逐渐从表面消失。这种

---

① 据罗雪尔：《国民经济学体系》，第3卷，第3节，中世纪的都市有四种性质：(1)要塞；(2)和平区域；(3)商业区域；(4)组合团体。在该节注3中指出，都市区域是指在国王保护下的和平区域，即都市城区或都市区域。——日译者

解放是逐渐地一步一步地进展的。这不仅对所有都市是必要的，而且对工业经营也有其必然性。由于农业实行小采邑世袭，商业因十字军远征获得很大发展，从而工业进一步显著地发展起来。这样，自13世纪初期以来，差不多一切地方的行会都能对市议会的贵族进行斗争。当时市议会的地位。行会所要求的是下面这一点，即要求让他们当中的一些人在市议会占有若干位置，至少要求通过对行会也开放的大市议会的机关来控制小市议会的决议。两个党派具有各式各样的名称。诸侯起先是同情各地行会的发展的。斯特拉斯堡的都市权。

后来在很多都市里出现了所谓行会统治，即凡是都市的权力都由行会行使，他们的代议士组成了市议会参议会，非工业者如想积极实行其市民权，也必须加入行会。例如佛罗伦萨的历史。

这种行会式的民主政治，引起了偏向和滥用，结果形成了富豪和书记官的专制，更进而造成了专制独裁或国家的绝对权力君临于都市之上的局面。各都市中市议会的贵族希图保持自己统治地位的手段。

为什么在农村中的农民还完全生活在农奴制度下的当时，在都市里这种民主主义的运动能够得到胜利呢？

将这一过程与古代雅典的平民与贵族、罗马的平民与贵族之间的斗争进行比较。都市的发展是国家发展的缩影。

〔参考文献〕维尔达：《中世纪基尔特制度》，1831年。

三、中世纪都市的繁荣

说明下列这些问题：都市在军事上的重要性，特别是在存在行会的战斗组织的情况下，都市对地方议会及国家议会的影响，都市对国家的财政和增强警察力量的作用等等。都市同盟。中世纪末期欧洲产业统计概况。都市生活与技术和科学的关系。

〔参考文献〕许尔曼：《中世纪的都市制度》，4 卷，1826 年。兰奇措勒：《德意志都市制度史概论》，1829 年。费兹哈特：《法兰克福都市的形成》，1819 年。奥克斯：《巴塞尔市史》，8 卷，1788 年。霍尔迈尔：《维也纳史》，1823 年。雷诺亚：《法国市议会法史》，1829 年。马笃斯：《关于英国都市、城市和自治城邑的历史研究》，1726 年。

第三十一节　中世纪工业的内部组织

在中世纪前期，各处似乎有充分的营业自由。面粉工场的特权逐渐形成，以后与农业结构的演变完全相类似地发展，并成为下列情况的范例。

一、工业特权

各都市的禁业、禁业区域。乡村的手工业者不得不在许多限制条件下生产一些最简单而又最迫切需要的东西。在文化的低级阶段，这种禁业权当然被认为有实际意义，因为只有在都市里才能获得营业上所必需的资本的保证、足够的劳动者人数以及一定范围的市场等等。

都市内部的行会特权。对私下秘密营业的取缔。由于匠师对严守行会秘密宣誓负责，这种垄断极有成效。在行会之间规定了严格的界限。起初规定界限不过是进行一种有益的分工，而且在低级文化发展阶段，只有暂时处在垄断组织的保护下，才能使用更大的资本和劳动。以后需要增长了，竞争就可以随之加强。但是在当时只有通过垄断，营业经营者才有可能发挥其自由。这种垄断使消费者受到损害；在行会制度的繁荣时期，由于行会本身的值得尊重的精神和取缔，这种损害得到减轻。凡是可能提高商品价格的一切协定都被禁止。定期的大市和公定价格在保护一般大众方面收到了更大的效果。但现在究竟在何种场合这种公定价格仍属必要呢？禁止权工业。

二、行会的组织

在许多行会条例中规定了学徒年限以及其他各种条件。匠师的儿子有优先权。只有手工业者的子弟才有当学徒的资格。所谓特别市民，即按当时的见解不属于手工业者阶级的那些人是被排除的。学徒的除名处分。

学徒升为工匠就可以得到工资。巡历期间（Wanderjahre）——这有很大好处。适应巡历生活需要的机关是寄宿舍。寄宿舍的管事。行会中有供给继续旅行费用的行会与不供给费用的行会。手工业者的访问致词与巡历者手册。[①] 为了使巡历修业更为严格，更有效益，在以后的年代里定出了一些取缔办法。工匠集会。老年工匠。[②]

在升为匠师方面，行会可分为关门的与不关门的两类。作品

① 据罗雪尔：《国民经济学体系》，第3卷，第132节及注11，工匠在巡历修业时要陈述手工业者访问的致词（诗文），证明自己的身份，才获准住在寄宿舍里。——日译者

② 老年工匠指未能成为匠师的工匠。——日译者

匠师(即其作品获得通过而成为匠师的人)。匠师作品(即能够获得通过、使工匠成为匠师的作品)。匠师的子弟及养子的优先权。防止出现过多的候补匠师的方法。匠师的未亡人。

行会的强烈的名誉心、兄弟般的集合、它的政治意义、对寄居在匠师家中的学徒们的慈父般的监督、工匠之间的监督、未来成为匠师的希望等等——所有这些,当然在道德上也发生了极好的影响。

朝会(行会的一种集会)。老年、青年、少年匠师。巡历修业制度是由所有同业行会共同课税来实行的,它是为了工匠阶级的利益,也是进行各地行会之间的联系所必要的——行会总会。

行会可以与中世纪的其他组合团体相比较,尤其是可以与寺院、骑士教团以及大学相比较。与行会制度相似的古代的制度、埃及和印度的等级制度。在希腊和罗马的文化发展的低级阶段,我们也发现具有行会性质的各种关系。在他们的国民经济繁荣时期会出现营业自由。

〔参考文献〕拜埃尔:《学徒、工匠、匠师》。同罗雪尔:《工场法汇报》。斯特鲁维埃:《工场法理学体系》,3 卷,1738 年。奥尔特洛夫:《手工业者法规》,1803 年。库伦坎普:《手工业者及行会的法规》,1807 年。海涅鸠斯:《论工业的合伙工业团体组织》(2 卷,第 9 章)。

第三十二节　保护制度(禁止制度)

一、重商主义的根本见解

人们由于日常生活中的错觉,将货币所有与财富等同看待。

因此国内有贵金属矿藏的国家，为了致富，不得不尽量防止其所生产的贵金属出口。西班牙、葡萄牙等国的禁止货币出口。其他各国只在通过对外贸易顺差，即其商品出口大于其进口，其贸易差额被用货币来偿付时，才能获得贵金属。贸易差额。出口多的国家才有贸易上的顺差。为了尽量使出口增加，进口缩小，对制成品课以进口税，禁止进口，规定出口奖励金。另一方面，实行有利于进口原料、阻碍原料出口的措施。这就是实行殖民主义、贸易战和政府对产业进行管理的时代。

二、对上述见解的反驳

密多斯王（希腊传说中的国王，他想把一切东西部化为黄金）的错误。贵金属具有商品的性质，因而与其他商品完全一样，人们可以通过贸易在任何时候获得它。（1）每个贸易商人最能判断哪种商品才是正好需要的东西。如果国家对贸易商人施行强制，例如需要羊毛，而强使他进口白银来代替羊毛，那就必须限制他的交易，而且将一国的利益完全放在所谓贸易差额上，这也是非常错误的。一般消费者喜欢贵金属远胜于其他商品这种理由，不能直接应用于全体国民。因此，不能因为这种重金的思想，就认为输出货币较之输出其他商品更为不利。这种事情是没有的。反过来说，也不能认为输入货币更为有利。这种事情也是不存在的。

（2）永远连续顺差是完全不可能的。任何国家的交易只需要一定数量的货币，超过了这个限度，货币价值就要下落。这样，商品就不可能输出，必然要出现输出货币而输入商品的情况。反之亦然。经验证明一个国家不可能在一百年中间一直维持贸易顺差。但究竟在什么场合才有可能出现这种情况呢？在禁止货币出口的情况下往往容易发生走私行为。

(3)重商主义者判断贸易顺差和逆差的标准，是外汇市价和商品进出口的关税记录，但这些都是完全不可靠的。

(4)实际上对于任何贸易来说，其进口的价值大于以前出口的价值，才是有利的。

在都市与地方之间的贸易方面，也大谈其贸易差额有无意义？大量输出在其一般能刺激大量生产的范围内是件好事。在这种情况下，输入主要是自然调节的。

三、保护措施的实际经济作用

进口税妨碍消费者获得最好或最廉价的生活。另一方面，由于生产者之间的竞争，他们的利益将被限制在普通的水平。一般情况是，进口总额减少，其出口总额也要相应减少，所以进口税的作用主要在于它使资本和劳动投到较之没有进口税时将被投入的渠道获利要少的其他渠道中去。各个国民体之间存在着分工。

限制原料出口，结果并不降低其价格，而只减少其供应，使用于生产原料的一部分力量被迫转向工业部门。

出口奖励金。单纯的补贴只不过产生这样的结果：使没有补贴时受到课税压力的那些生产成为可能。而出口奖励金是对所有国民的一种课税，它使某一阶级获利。尽管如此，生产者也不可能从这里获得任何长久的利益，而仅是那些最有利的事业得到扩充。得到出口补助金的商品可以维持低廉的价格，这等于给外国施予一种恩惠。对某种商品的单纯的生产奖励金。在这种情况下，在消费者保持沉默期间，工业经营者为了得到保护会采取不正当的手段。

通商条约可以多少缓和一般贸易堵塞的坏作用。缔结通商条约的一些原则。其一般内容。关于最近的最重要的通商条约。条约与政治之间的关系。

四、保护制度的政治意义

在好几个世纪长期被实际采用的一种方向，不能认为完全没有根据。只在一定文化发展阶段发生作用的各种原理，如认为在一切情况下都有效，往往会陷入科学上的错误。

（1）这种制度直接使国民蒙受牺牲。不过这种牺牲是在交换价值上带来的。在生产上，我们可以靠这种制度获得各种生产力。在纯粹的农业国家，它的人口和资本的数量，还有它的劳动和资本的能力，都不及工业国充裕，甚至它的各种自然力也都未能得到充分的利用。因此，上述这种初期的牺牲也可以说好像植物的种子一样。

（2）在国民尚未充分发达的状况下，通商自由是最好的状态。因为通商自由对向高级文化阶段的发展能够最迅速地起促进和助长作用。但在一国希望向更高阶段发展的时候，没有保护关税，就不可能同已经发达的工业国家竞争。从工业的这一点看，英国较之德国是非常有利的，对于它的这种有利条件，只有采用强有力的保护关税政策才能对抗。如果两国相互竞争，一国有保护关税，而另一国没有，则没有保护关税国家的生产者就会陷入孤立；反之，有保护关税国家的生产者则得到全国力量的支持。完全无限制的通商自由、尤其是在交通非常发达条件下的通商自由，将使已占优势地位的工业强国处于这样一种地位，即它对待别一国家，正像工商业都市对待纯粹农业地区的情况一样。瑞士工业繁荣的根据并非这种见解以外的其他东西。

（3）保护关税制度对各阶级的关系发生重大影响。即这种制度可以人为地对一国未发达的那一部分或尚未得到适当发展的那一部分注入国家的养分。凡是对中世纪的贵族势力进行压制的各个王朝，差不多到处都同时设立了保护关税制度。正像在学校或大学教育中要力求得到一定程度的全面发展——缺少它就不可能有真正的教养——一样，对于一国国民也必须进行多方面的教育。这种多样性在战时特别需要，战时当然要有强制性的保护措施。

（4）在任何一国的中世纪末期都出现过人为地保护工业的现象，以后这种保护逐渐减少而形成完全的通商自由。一国进入了繁荣时期，就不需要任何保护制度。如果超过了这一点，就要转而保护农业。（参阅第二十七节，谷物关税）

（5）然而任何一种保护制度只有置于大规模的即整个国家的基础上，方能生效。意大利和汉萨的工业力处于分离割裂的状态，当它与坚强地结合起来的各大国竞争的时候，它就没落了。荷兰的情况。

（6）当时国家的中央集权加强了这种势力。用国家的这种权力来支援繁荣的产业并不是什么不可思议的事情。国家垄断。在国家权力增长的同时国家的需要也增大了。因此，既然已对农业和工业课税，对商业当然也要课税。这种课税只有利用关税才能实现。

亚当·斯密对一般通商自由提出的例外：(1)在国家需要安全

的场合。航海条例。(2)在为了同国内消费税相适应而需要对外国产品课税的场合(?)。[①] 报复关税是否应该容许?

〔参考文献〕主张通商自由的文献:亚当·斯密:《国富论》,第4篇(关于前段本文所论可参阅其第2章)。布龙纳尔:《关税壁垒对国民幸福和国家利益意味着什么?》,1816年。洛伊希斯:《工业自由与通商自由》,1826年。劳:《贸易自由》(大百科全书中的一项)。麦克库洛赫:《论商业与通商自由》(阁姆必奈尔译),1834年(原著为《论商业》,伦敦,1833年)。反对通商自由的文献:考夫曼:《亚当·斯密贸易差额论的错误》,1827年。弗兰策尔:《论关税、贸易自由与通商同盟》,1842年。李斯特:《经济学的国民体系》第1卷(论国际贸易、贸易政策及关税同盟),1841年。劳对李斯特著作的评论(见《政治经济学杂志》第5卷)。著者的评论(罗雪尔:《李斯特体系的评论》,见哥廷根,《学术通报》1842年第118期)。《关于反对禁止外国商品进口的调查》(1834年)中还有很多资料。

五、保护制度的历史

意大利尤其是威尼斯、佛罗伦萨国以及汉萨同盟诸都市,是保护制度的发源地。但这些地方是最早发达的工商业地区,本来没有任何保护的必要。在西班牙的菲尔德兰特及伊查拜拉统治时期(1479年)采取了完整的保护制度。腓力浦二世(1556年)采取了对抗政策,但到了波旁王朝统治下它就被放弃了。法国的工业保护,特别是在路易十一世(1461年)以后。法朗士一世(1515年)的奢侈工业。苏里(1589年,亨利四世宰相)。黎希留和马萨林(路易十三、十四世时代的宰相)。柯尔贝(1661—1683年)彻底执行

① 据罗雪尔:《国民经济学体系》,第3卷,第137节,斯密认为对国内税和进口税不需要采取同样税率。故文中有问号。——日译者

了重商主义政策。柯尔贝重视精制品工业甚于粗制品工业，这是可以从法国人的国民性中体会到的、有充分根据的见解。优格诺派（加尔文派新教徒）的抬头——产业与信教自由的关系。一般的政治上的动摇，使工商业的种子易于广泛传播的事例。拿破仑的大陆封锁（1806—1815 年）。

18 世纪的 25 年以后，英国成为第一个工业强国。休谟关于产业发展变化的记述。爱德华三世（1327 年）、伊丽莎白（1558 年）和威廉三世（1688 年）治下英国工业发展的主要阶段，各个阶段都与扩大保护制度和吸收外国工人有联系。自 18 世纪中叶大繁荣以来英国工业的规模。赫斯基逊（1770—1830 年）以后，保护制度有了缓和。准备将这种保护政策改为完全通商自由的政策措施。例如禁止机器出口。

北美、俄罗斯和德意志的保护关税简史。奥地利、大德意志关税同盟及小德意志关税同盟的税率比较。从这三种税率中可以看到：对国内所有工业生产者尽量不课加负担，因此就要相应地提高对商品的课税，这是由于国民经济的目的，同时也结合了财政上的要求。

要满足各种工业经营者之间互不相容的希望是困难的。任何一种保护制度都要给国民带来牺牲，所以应该经常记住，完美无缺的保护制度是极其少有的。这时特别应该注意国土和国民的自然的地位和各个工业本身所处的阶段。

〔参考文献〕拜茵斯：《英国棉纺工厂史》。莫罗：《大英国羊毛贸易和羊毛工厂》，1829 年。克莱因施罗德：《大英国工业法规》，1835 年。希勃托尔：《论法国工业》，2 卷。康帕马莱斯：《论一般产业的奖励》，1774 年。策勒：《普鲁士的工业政策》，1834 年。费贝尔：《普鲁士帝国工商业状况的见闻》,1829、1832年。克斯:《奥地利工厂制度及工业组织的形成》,3卷,1819年(1829年由布卢门巴赫再版)。

六、工业规则

工业规则有这样一种害处:即个人通常更能熟习、更能敏锐地感到其利害的事情,由国家来指导干预。即使是最好的经营指令,也只能使工业保持在它一度达到的水平上。因此这种规则只有在富有见识的政府以非常超然的立场来对待无能为力的人民的时候,才能够被允许。柯尔贝的各种规定(法国,1664年以后)、弗里特力希大帝的各种规定(普鲁士,1742年以后)。它们对工艺史的重要性。

但国家的正确管理有时对工业本身也是充分有效的。在它的正确措施对一般大众的生活和健康有重大影响的各种工业中,情况更是这样。至于任何人都不应该对商品的质量作欺骗性的广告,这是警察所应予注意的事情。

个人的不正当行为损害整个国家对外信用的各种事例。例如金银器皿。为了保证商品质量的工厂商标。

国家的检验所是由鉴定人对商品进行检查和鉴定的地方,但现在只在多数小企业经营的、特别是销售国外的工业中还被利用。麻布检验所。绒毯检验所。啤酒检验所。

第三十三节　近代的都市制度与工业

一、都市势力的衰落

荷兰战争(1667年)及三十年战争(1618—1648年)以后军队

制度的变化。由于贵族和国王重新结合，市民阶级后退了。日益增大的中央集权势力使农民后退，同时也完全削弱了都市的自治权。因此我们可以看到，在路易十四以后的许多国家中，都市政权日益趋向依附于国家的财政、警察和司法等权力之下。

德意志工业的衰退。只有麻织业、火酒酿造业和宫廷奢侈品制造业等方面属于例外，但这些对真正的都市产业的发展影响不大。

法兰西共和国对过去的都市生活施加了革命性的压制。〔与此相反，基于自治团体实际要求的〕普鲁士都市条例（1808 年）。经过修改的普鲁士都市条例。英国市制改革前后的都市状况。

总的说来，因近代变革而感到苦恼的仅仅是那些小都市。相反，大都市是更加膨胀了。这一点可以将小都市与小国家进行比较。在所有国家的相应的文化阶段都可以看到类似的发展。

二、行会的腐化

关于都市的普遍衰落，行会特别与它有连带关系。行会精神的衰败，由于宗教改革更为加剧。更加强大的国家权力差不多到处都将都市的权力从行会手中再度转给市议会。行会已不能为过去的精神所鼓舞，又不能为从前的形式所支持，因而行会的各种产业制度也失去了它的作用。在高度文化发展阶段固定学徒年限是有害的。与此相结合的学徒待遇妨碍受过高等教育的人进入手工业。行会愈益穷困，因而遍访名师，游历进修的制度也衰退了。匠师作品流于非实用的高价的作品。不合规格的作品也被收买。手工业者访问的行会帮话在金钱的压力下被滥用。往往由于财政上的理由,行会之间过度地树立界限,促使分工无限狭小。以往的手工业信誉低落。星期一的休假(延长星期日的休假)。借行会成员平等之名,为游手好闲和不学无术辩护。

因此,早在17世纪就有企图限制行会的各种措施。1731年的帝国决议,不仅消除了很多弊害,而且使行会向民间开放。这一决定与建立在此基础上的一般行会条例,将行会由自治的组合改为工业政策上的一种措施。现在即使全面地废止行会也没有任何法律上的障碍了。

〔参考文献〕卡斯特:《在机械工匠中间通行的不合理的习惯法例说》,1715年。希莱尔:《论德国行会中流行的弊端及补救之道》,1725年。匿名者:《手工业工场的野蛮,或我的学徒时代的历史,兼论德国手工业者的教育方法》,1790年。克诺伦:《关于手工业腐化之帝国决议的法律阐明》,1744年。奥尔特洛夫:《工场法典,或一般手工业者组合法规和章则汇编》,1802年,新版1820年。

三、手工业与工厂

工场手工业与工厂的区别是过时的。

在手工业中,匠师自己把学徒当作助手而从事劳动,他们的工作量不大,且通常是根据订货而工作的。工厂主并不把学徒当作助手,而是当作工人来使用。他的最主要的工具是机器。工厂主进行大量生产,通常是以贮藏为目的而生产的。工厂在选择厂址、扩充经营方面,本来就远比手工业自由。

在工厂与手工业相互竞争的时候,前者之所以能占上风,是因为它有大量资本、劳动分工、销路熟悉,以及由于进行大规模经营从而可以有各种节约,更重要的是因为工厂主属于上层阶级,从而有许多知己和关系。工厂的有利因素随着它规模的扩大而增加，直到它在管理监督上发生困难时才消失。工厂与零售商人阶级的勾结。在日常消费品、建筑用材、私人的特殊用品、地方的特殊商品以及修理等工业中，工厂之间的竞争受到很大限制。手工业者的生活与工厂的生活之间存在着很大的道德上的差别。工厂主比匠师优越，但工匠几乎在同样程度上优越于工厂的工人。在工厂工业繁荣的地方，大资本家、广大销路和贫穷的工人阶级都发展起来。工人阶级几乎像机器一样，没有任何进步的机会，任何时候都要准备去劳动。

工厂与手工业之间的各中间阶段。制造流行品的匠师。同一人兼农工，或以农为主或以工为主。

四、机器与工人

机器与工具的差异。机器的操作具有极为良好的耐久力和整齐划一，它加强了人力，使人力精巧。机器的操作是廉价的。由动物操作的作业以及由所谓盲目的动力[①]操作的作业都是廉价的。蒸汽机的特点。机器的效用在于劳动的耗费比它自身节约的劳动还要少，凡一种工作愈是不能预先计算，则愈是属于精神劳动，机器也就愈难代替人力。相反，如果工业的种类愈是带有物理运动的性质，它的销路愈是广阔，机器活动就愈自由。

采取机器生产，一国财富的使用价值和交换价值一般都要增

① 所谓盲目的动力系指水力、风力以及机械力。参阅《国民经济学体系》，第 3 卷，第 119 节；第 1 卷，第 42 节。——日译者

加。特别是在大规模的对外贸易中交换价值要增加。相反,手工业者由于机器的采用却会失去主计。不过,如果某一种工业由于采用机器而得到发展,其他工业必然要被提高,所以上述情况只是暂时的。何况在这种工业中,工人人数毕竟比较容易增加。因为产品的增加大都比投入该生产的必要劳动的减少要大。机器生产能有这样的结果,只是在国内农业或对外贸易能增加其支付代价来源的情况之下。另一方面,机器一般要扩大道德上的败坏,这是与高度分工和工厂制度相联系的。工厂工人对雇主有极大的依存性。家庭秩序的紊乱、妇女解放、对孩子的残酷压迫。贫困及贫富悬殊。工厂从业人员占多数的地方的健康状况。从健康方面看机器的各种优点。

为克服机器制度的阴暗面,在低级文化阶段,政府曾试图采取多种措施加以禁止。以后,由于资本在国民经济中更加坚强有力,国家就不再偏袒手工业者了。由于高级文化阶段的高级需要只能在充分自由的生产条件下得到满足,所以反对机器生产完全是徒劳无益的。其实这种反对,对工人本身来说也将带来极大的不利。机器这一概念的相对性。至于新近由理论家们接受的、多少有些类似土地共有制的其他各种手段,更将带来灾祸。唯一的真正的办法,只能是向工人们进行正确的启蒙教育。国家对工厂青工的待遇的监督——英国工厂法。

〔参考文献〕库因特:《论机器的效用与阴暗面》,1824 年。拜比吉:《论机器节约与工场手工业》。布鲁哈姆:《机器制度的后果》,1833 年。乌尔:《论工厂制度》(迪茨曼译)(原著书名为《工场手工业的哲学》,1835 年)。加斯克尔:《英国工业人口,它的道德、社会及健康状况》,1832 年。加斯帕伦:《关于机器的若干考察》,1835 年。吉朗多:《论工业的进步，以及对工人阶级道德的报告的若干考察》，1841 年。马蒂诺：《罢工趋势与坚持低工资生产》，1834 年。西尼尔：《工厂法通信，它影响棉纺工业生产》，1837 年。

第三十四节　工业的自由

一、现代的工业组织

英国摆脱中世纪的各种束缚而走向工业自由，实现了极好的变革。在欧洲大陆，（行会外的并为领主所允许的）自由的和特许的匠师制度，逐渐为特许制度准备了条件。行会制度是适应于旧时代政治组织的，同样，特许制度是适应于绝对君主政治的。在很多国家完全的工业自由从这里发展起来，并与宪章运动平行地前进。工业禁止从业权的废除。行会债务的赔偿。法国和普鲁士的工业自由。自由行会，试图通过这种组织吸取旧行会的长处，舍弃它的短处。

在工业自由的条件下，新的工业的各种优点和缺点都得到了充分的发展。工业经营者之间的竞争展开了，其数量和努力都增大，因而工业品的产量显著提高。有能力的人很快地发达起来，无能力的人很快地没落下去。庞大人口的增长。因为所有的乡村手工业得到了解放，那些早就苦于地方工厂发展的小都市失去了最后的防线。这就更加促进了主要都市的绝对繁荣。但由于都市下层人口激增，贫困的苦恼往往更为严重。新兴工业的严酷法则——少数富人与无数的穷人相对立，到处表现。因此必须注意促进一定文化阶段所不可避免的工业自由;并应设法使其在过渡时期得到缓和。工业自由应该从需要大资本的工业部门开始,还是应该从为贸易的生产部门开始呢?在其他部门中应采用批准制度以避免过大的自由。考试、年龄限制等等。专利权。

〔参考文献〕主张工业自由的文献有:《关于商业、特别是对阿姆斯特丹的组合、结社及匠师的若干考察》,1758 年。拜尔诺叶:《行会制度对工业的不利影响》,1822 年。本迪克特:《行会强制与禁规》,1818 年。反对工业自由的文献有:曼:《关于必须恢复匠师及组合的建议》,1815 年。劳:《论行会制度及其废除以后》,1816 年。雷菲斯:《论行会制度,恢复行会制度的反省》,1818 年。奥斯特莱:《废除行会制度是否合适?》,1833 年。《从手工业者阶层看组合和工业自由》,马格德堡,1834 年。诺伊曼:《论工业自由及其在一国的限度》,1837 年。

二、工业自由阶段对各种工业的奖励办法

在这种场合,作为唯一适应时代要求的措施来考虑的是对任何人都开放的那种措施——即技术教育和产业组合。发明的专利权可允许其暂时垄断。

〔技术教育〕。工业学校。在星期日上课的学校及在祭日休假晚间上课的学校。为工业从业人员举办的报告会和读书会。这些措施是与小学教育同时实行的,同样,技术专科学校与高等学校并立,工科大学与大学并存。数学、化学、建筑等各分科。森林学校。矿业学校。高级和初级的农业教育机关。商业学校。所有这些措施在德国最主要的障碍是它们遭到来自高等学校和大学的极端的冷遇。它们的团结是有效果的,特别在小国是这样。就现代的一切真正的教育而言,古典的研究是必要的。但其重要性日益增大的高等的工业资产阶级,一旦全面地离开了人道主义,则现实主义就将成为难以抗拒的东西了。

模范经营。中央及地方的种马站。中央养羊场。

〔参考文献〕赫尔曼:《论工业技术研究机构》,1826 年。莱拜留斯:《论技术实习机构》,1839 年。普罗伊斯克:《略论星期日学校、技术专科及工业学校》,3 卷,1835 年。布鲁哈姆:《对工人阶级及其雇主的教育之实际考察》。富尔西:《文明技术学校史》,1828 年。贝尔特海姆:《论英国的育马》,1833 年。埃尔代尼:《奥地利种马所记述》,1829 年。

产业联合组合是希图将一切政治关系引向整个人类共同的道德和目的的时代潮流的产物。以前由政府监督的工业政策中的大部分被转给国民自己来管理。农业联合组合、园艺联合组合、育马联合组合。这些联合组合的刊物。工业展览会、赛马、动物陈列会等。奖励金。

发明的专利权并不削减任何过去的权利,所以它并不损害任何人,并且它还是推动工业发展的主要动力。专利期限。期满后发明必须公开。手续费。新发明的证明及其反证。进口专利权。

〔参考文献〕克劳斯:《奖励工业部门发明的奥地利立法的精神》,1837 年。

对现代各种发明的考察,以及与前一代同时期的比较。

第三章　商业

商业在分工上的地位。它的政治特征及其与财富寡头政治的结合。

第三十五节　商业的种类

一、行商、零售商、批发商

零售商直接售货给消费者。批发商专门从事大宗的销售，多数是对商人的批发。商业经营规模愈大，愈能提供廉价产品。任何国民都是从行商开始的。批发商业最后才兴旺起来。这是因为它要以最大量的资本、最高级的技能和最广阔的市场为前提，而且它会引起最大的风险。批发商业和零售商业的作用。但是绝对无限制地许可零售商业是危险的。在经济高度发展的阶段，从各方面看来行商是有害的。

在零售商人与私商之间有旧货商人和露天摊贩。

二、商品销售、货币交易

货币交易是与证券交易相结合的年轻的商业，而商品销售在资本过剩的时候特别兴旺。

三、固有的商业、收取佣金的商业

赚取佣金的商业是受别人委托并在别人担负其风险的情况下进行的。手续费、回扣。收取佣金的商业是以发达的商业组织为前提的。

四、对外商业、对内商业、转口商业

对外商业较之国内商业更早地获得某种程度的重要性。这是因为外国提供国内完全不生产的产品，而且一切商业都是从高价商品交易开始的。大规模的转口贸易是高度经济文化的象征。(运输业务。转口贸易。)重商主义者轻视国内商业。亚当·斯密则相反，他重视国内商业。但是即使国内商业在高度文化发展阶段得到极好的发展，而且在政治方面与国民福利密切结合，总的说来，不能说各种商业中的某一种比另一种特别有利。

五、被动商业、能动商业

所谓一个国民被动地经营商业，意思是指：本国所生产的东西要由外国人来购买，它所需要的东西要由外国人来供应。所谓能动地经营商业，是指一国专门依靠自己的手来从事销售和购买。被动的商业只需要少量的资本和劳动力，所以在低级文化阶段，它占支配地位。由国家人为地经营能动的商业，虽然给国民确实带来了经济上的损失，但有利于扩大海上霸权，可以说在政治上是必要的。

六、间接贸易、直接贸易

总的说来，随着文化的发达，贸易日益成为直接的了，用作媒介的转口地则日益消灭。但如用强制方法来促进直接贸易，则将在经济上遭受很大损失。

〔参考文献〕阿雷奥：《论商业对能力和习惯的影响》（现代意大利古典丛书，第31册）。比施：《商业概论》，2卷，1792年。盖尔：《商业特征的研究》，1825年。穆尔哈德：《商业的理论与实践》，2卷，1831年。西斯蒙第：《论商业财富》，2卷，1803年。汪桑：《商业立法的理论说明》，3卷，1821年。特尔：《商法》，1841年。

第三十六节　中世纪商业的特征

一、低级文化阶段的商业限制

一切商业交易是从掠夺开始发展起来的。以后只是为了安全，营业人员必须在一定的时间、地点集合在一起，因此也就比较容易地开创了分工的端绪。古代及中世纪的队商。队商与游牧生活的关系。队商运输道路的选定。

货物装卸销售的权利及转运的权利。为了使商业能够获得贮藏品及顾客的确实可靠停留地点，这些在初期是必要的。轮番运货[①]，在高级文化阶段，它们是有害的，因而现在已经废除。

定期开放的大市及城镇的常市，这是将货物装卸的权利在不

① 轮番运货系指运输组合人员按一定番号次序寄航港口运送货物。——日译者

同的时间中实现,实现它在不同的空间中所要实现的目的。城镇常市与零售商业的关系、定期的大市与批发商业的关系,正像周市和露天商业的关系一样。对周市的取缔。对露天商人的严格限制不利于地方的人民。定期大市的作用。定期大市的自由。[①] 在低级经济阶段,定期大市贸易的发展,这时其他各种货币业务也在这里试行。但到了高级发展阶段,这就成为过时的了。只有某种小规模生产地方特产的城镇常市属于例外——例如羊毛市场以及其他等等。

〔参考文献〕鲍姆施塔克:《论周市贸易》,1836 年。科尔:《南俄罗斯旅行记》,第 2 卷。

二、中世纪的商人阶级

在低级的经济发展阶段,行商占支配地位。行商的特点是各个商人要贮藏各式各样的商品。建立在宗教基础上的商业的开端——祭日与城镇常市的关系,传道、巡礼与商业旅行的关系。

商业由开化了的外国人经营。由犹太人经营的以及后来由伦巴泰人经营的。中世纪犹太民族简史。他们所受政治上的迫害是在他们丧失其在商业上的不可缺少的地位的时代开始的。

三、汉萨同盟都市商业的内部组织

汉萨都市的各种特权。其中体现了国际法的早期萌芽。中世

① 据罗雪尔:《国民经济学体系》,第 3 卷,第 22 节,定期大市除了具有关税、裁判等特权,还具有货物集散贩卖权和保护顾客的特别权利。——日译者

纪的自卫权。商业居留地，这对低级经济阶段的商业是非常必要的。挪威的卑尔根居留地的详细说明。商馆是与行会非常相似的组织。这些制度的灭亡。与地中海沿岸的意大利居留地的比较。

商业发展以后，以前作为居留地的目的的一些事项，由领事馆来执行。因此领事在未开化的国家里当然具有非常大的权利。领事馆制度。

〔参考文献〕扎托里乌斯：《汉萨史》，3卷（拉贲贝编）。瓦尔登：《论领事馆制度的起源、性质、发展和影响》，1813年。

第三十七节　殖民地及贸易公司

〔参考文献〕罗尔一罗希特：《希腊设立殖民地的批判史》，4卷，1815年。雷纳尔：《欧洲人在东西印度的殖民地史》，10卷，1781年。布鲁哈姆：《欧洲列强殖民政策的研究》，2卷，1803年。

一、殖民地的发展规律

殖民地按期开拓的目的，可区分如下：农业殖民地——这通常会发展成为一个国家。矿业殖民地——这一般最后也要过渡到农业殖民地。植林殖民地——这里利用奴隶劳动，本国人很少。商业殖民地——这多数与征服结合在一起。军事殖民地占支配地位的殖民地，在16世纪是征服的殖民地，在17、18世纪是独占的殖民地，在19世纪是移民的殖民地。

按建设殖民地的方法划分，有纯属私人建立的，和由国家建立的。

前者产生于各国的中世纪时期，多数起源于宗教的灵感或政治上的纠纷，与其说与本国政府有联系，毋宁说是与本国的教会相联系。后者，无论在古代各国，还是在近代各国，都是在高度文化发展阶段产生的。只有高度发展了的国民才有可能建立与宗主国经常保持接触的殖民地。

所有得到显著发展的殖民地都反复经历了下列发展过程。1.殖民地在人口方面以及在财富方面都得到非常迅速的发展。这是因为在这里高级经济阶段的资本和劳动力与低级经济阶段的过剩土地相结合的结果。但这里存在着与土著之间的危险的接触。2.在物质的发展中结合着有高尚的道德的意义。宗主国的国民可以说得到殖民地的补助。例证。但是另一方面，它缺乏历史传统，国家保守因素薄弱，具有易变性和放荡性。殖民地比之宗主国更容易早衰。3.殖民地在本质上必然经历与宗主国一样的发展过程。只是采取了更为敏锐的纯粹的形态，因为在那里没有过去的残余势力的妨碍。4.一旦殖民地的力量达到一定程度，就与宗主国分离。这时宗主国就从内部和外部进行干涉。北美洲及南美洲各殖民地的独立。

二、葡萄牙人和西班牙人的殖民政策

15、16世纪的各种发现。新大陆这部分世界的发现，给宗主国提供了它们所不生产的各种产物，但也只是在它处于低级文化阶段时才是有利的。宗主国的人们力图垄断这些利益。

在东印度、非洲和中国的葡萄牙人。商业具有国家垄断的性质，即连薪金也带有垄断的性质。官吏经常更换。1560年以后没落的各种原因。

西班牙属地美洲的阶级差别。国家官吏职务都由西班牙人垄断的特权。高级官吏生活豪华,但受到各种拘束。为什么在没有拘束的统治下,即使处于奴隶一样地位的人也会感到极为幸福呢?殖民地的贸易虽然早已不由国家垄断,但仍被限制在宗主国的一定港口和一定的商船队。在殖民地严格采用重商主义政策,到18世纪逐渐缓和。

〔参考文献〕包罗:《亚洲》(1552年)及其续刊。康托:《关于葡萄牙人在亚洲衰落的主要原因的考察》,1606年。扎尔费尔德:《葡属东印度史》,1810年。《由卡洛斯二世颁布的印第安人王国法典汇编》。海莱拉:《居住在岛屿、陆地和海上的西班牙人4世纪以来的编年史或世纪史(1492—1531)》,1601年。乌诺阿:《南美旅行史话》,1748年,2卷,以及胡姆保尔特的各种旅行记。

三、贸易公司

17世纪初期以后的情况。多数是把荷兰东印度公司当作模范。这家大股份有限公司被赋予临时的商业特权,并常被赋予执行对外交涉和军事阴谋的特权。荷兰东印度公司的组织和历史。荷兰人在向南亚开始其商业旅行之际,由于西班牙战争发生不得不武装起来,除了这些特殊情况,一般为了与远方未开化民族进行交易,也不能完全没有组织。就是说,国民如果想要发展这种事业,就必须保证最高的经营处于没有竞争的条件之下。但在贸易充分开展以后,公司的垄断就成了贸易的障碍。公司的经营管理逐渐低劣——股东人数过多,经理们既不关心业务,也不亲自问事,因而不可能作出适当的指示。虽然有各种各样的禁令,但绝不能制止下级职员私自经营商业。凡是这类公司发挥其专制权力的地方,人民经常遭受残酷的压迫。这些公司经常作为商人而行动。多数只从本身营利的目的来考虑其统治权。经营管理进一步恶化。因此,公司的从业人员几乎总是国家的坏官僚,是有它的理由的。

英国东印度公司——这个近代政治上最大不可思议之一的公司,也具有同许多贸易公司一样的经济性质,绝非例外。它的成立、发展和征服的阴谋的历史。它在相当长的时期给股东支付红利,然而它所获得的利益只是幻影。公司的资产和负债。它的垄断权由于时代精神的影响而逐渐废除。1813 年东印度的贸易开放了,1833 年同中国的贸易也开放了。它的结果。因此这个国家自 1775 年以后,使印度的国家管理更加依赖国家本身,公司管理法(1773 年)。福克司条例。庇特的东印度条例(1784 年)。1883 年的改革。目前公司濒于解体状态。

〔参考文献〕杜博伊:《荷兰统治时代》,1763 年。卢作克:《荷兰的财富》,1780 年。扎尔费尔德:《荷兰殖民制度史》,1812 年。

施普雷特尔:《最主要的印度国家变迁史》,2 卷,1788 年。罗塞尔:《关于东印度公司的组织、贸易和交易的法规汇编》,1786 年。马尔丁:《英帝国在东印度的一笔账》。詹姆斯·穆勒:《英属印度史》,6 卷,1820 年。

四、美洲的英国殖民地

北美洲的英国殖民地的成立及其特征。为什么这里的殖民地在所有殖民地中发展得最快呢?英国在殖民地管理中的保护贸易制度。北美洲的一些自由国家的没落。殖民地对英国的影响,在经济上是幸福的,在政治上却是不幸的。加拿大的现状及可以想象的未来。澳大利亚殖民地。流放殖民地。利用移民来消除国内过剩人口这一目的,在现代殖民事业中逐渐重要起来。韦克费尔德的方法。[1](为此目的实行的德意志移民的最好方法。多瑙河下游各国。)

西印度殖民地的建立。18 世纪后半叶达到繁荣。贩卖黑奴简史。海地(西印度群岛之一,为黑人共和国)的革命及其现状。威尔伯福斯[2]。禁止买卖奴隶——但由于没有将贩卖奴隶看做病因,而只看成是病征,所以过去并不十分以此为患。在禁止方法方面,英国和其他海军国家之间有不同意见。英国各殖民地的废止奴隶。它的结果以及与之相联系的政治上的展望。从多方面来考虑,是不是逐渐解放的方法更为适当呢?英国以缓和的形式再度出现贩卖奴隶的变相行为,这是一种倒退的现象。

关于荷属东印度的现状。为什么很多殖民地的衰落,对于德国来说是难以估计的利益呢?

〔参考文献〕罗伯逊:《美洲史》,1777 年。温:《英帝国在美洲的通史》,1770 年。埃贝林:《地理学及北美洲史》,6 卷,1793 年。谢瓦利埃:《北美通讯》,2 卷,1836 年。布希特:《南加拿大省的地形志(附南加拿大的地形志)》,1815 年。爱德华:《英属西印度殖民地的文化及商业史》,3 卷,1793 年。克拉克森:《废除贩卖奴隶史》,2 卷,1808 年。威尔伯福斯:《关于贩卖黑人问题致泰莱伦王子书》,1814 年。西斯蒙第:《关于贩卖黑人的法国利益》,1814 年。

① 韦克费尔德是开拓新西兰及澳大利亚殖民事业的人,著有《英国和美国》一书,1829 年。——日译者

② 威尔伯福斯是站在基督教的立场上从事黑奴解放运动的英国政治家。他的著作见本节参考文献。——日译者

第三十八节　货币制度及银行制度

一、关于铸币制度的技术的准备知识

最初作为货币的金属，在每次使用时，是以秤量授受的，它的历史事实及其现存的痕迹。

合金——赤色的、白色的及混合的合金。合金的利益。德国的纯金马克及杂质马克。银铜合金（银一、铜三或四的一种合金）。铸币的重量与成色。

铸币的成色（即法定铸币的金属含量比率）。由于有磨损危险，必须检验调整。检验的各种方法。公差（法律规定的磨损重量的限度）。花纹不仅币面要有，周围边缘也要有。美观的花样具有经济上的和美术史上的意义。

为什么铸币要尽量厚一些？过大和过小的铸币的例子。铸币分割的十进法及十二进法。一国贵金属的价格愈高，铸币单位应愈小。伪造铸币的鉴定及防止法。

〔参考文献〕弗勒尔克：《铸币技术及铸币科学》，1805 年。布吕尔：《德国铸币制度有待改革的资料》，1831 年。克诺普：《目前流通中的铸币状况的考察》，1834 年。

二、铸币制度的历史和政策

在德国，金、银和铜的经常比价是：1610∶102∶1。为什么对铜币可以规定其不变价格，而且这样做是有利的呢？

金和银的供求关系。一国的贸易愈发达，这个国家就愈需要有巨额的支付。因此，在发展中的经济文化阶段，金的价格经常高于银的价格。

如果两种贵金属的交易价格脱离了法定的名目价格，则所有的债务人就要用被过高评价的金属去偿付，商品价格就要以这种金属为标准，而那些被过低评价的金属就要流出国外。英国的例子(18世纪以后)。因此，在多数国家中都只存在一种法定的支付手段。

铸币费，第一，必须能抵偿铸造费用；第二，要与经过铸造实际增加的金属的使用价值相适应，在这个范围内，它才是有效的。后者是防止货币熔解的手段，为什么辅币的铸币费最高呢？

过高的铸币费的弊害，常常在这些细节中潜伏着国家破产的危机。铸币费过高，会引起民间模造货币的危险。铸币费在中世纪一般最高，是当时极为重要的财源。每当提高铸币费的时候，现行流通的货币有规则地被禁止流通。铸币的权利，最初是从资本家那里没收其贵金属而实行的，后来是采取对矿山特权的援助，最后则是从市场收购而进行的。随着工业资产阶级的发展，铸币费用下降了。在最高的经济发展阶段，好多地方完全废除了这种特权。铸币费用愈低，铸币输出愈容易。这种方便对于商人是有利的。

几乎在任何时代，国家都认为铸币权有很大的价值，特别是在经济高度发展阶段，想利用它来防止伪造货币，保证交易的进行。铸币特权的历史完全与国家权力的历史平行发展。古代佛朗克各诸侯的铸币特权同他们的国家权力一样，大部分建立在罗马帝国的基础上。由于地方权力扩大，铸币权起先授予僧官，其后授予王侯，最后授予帝国的首都和地方的都市，逐渐成为普通的事情。以后皇帝的保留权也被忽视，铸币愈益成为地方上的特权。货币铸造业者组合。

货币的重量或它的成色普遍下降。所有的国家都在相应的文化阶段出现了同样的现象，产生这种现象的原因，除一部分出于减少货币重量或成色本身的目的外，是为了取得必须经常进行的收回过剩货币的费用。法国的货币无政府状态，它同国王将大采邑重新收回到自己手中一样地结束了。在德国，由于15世纪的统一运动，各诸侯之间缔结了货币协定，到16世纪，在整个帝国的大改革运动中，实施了帝国货币条例。但是在三十年战争期间(1618—1648年)，国家处于极端无政府状态，货币制度同样进入了极度滥造的时代。其后出现的整顿局面，是为了适应当时事实上已经发展了的诸侯的统治权的要求，由于各地相互缔结了货币协定的结果。

1667年秦拉市(Zinna)铸币的成色比率(根据普鲁士秦拉市议会的规定，一马克纯银可制15.5个弗罗林)，1590年莱比锡的成色比率(18个弗罗林)，1694年以后纽别克的成色比率(17弗罗林)，1748年以后的协定成色比率(20个弗罗林)，1750年以后普鲁士造币局长格劳曼的成色比率(21个弗罗林)。七年战争(1756—1763年)中的货币无政府状态。减少铸币的成色作为财源是不应该的。德国货币制度的统计。德国关税同盟的铸币。从一种铸币含量改变为另一种铸币含量时所应注意的事项，可以从汉诺威的例子中看出来。

其他近代国家中的铸币权经历了同样的过程，罗马也不例外。

〔参考文献〕霍夫曼:《铸币制度三论》,1832 年;《货币学》,1838 年。赫尔曼论文(见劳主编的杂志第 1 卷)。爱克尔:《古代货币原理》,8 卷,1792 年。伯克:《古代重量、铸币成色及尺度的度量衡学的概括研究》,1838 年。普劳恩:《关于铸币制度、特别是德国铸币制度的基本报告》,1781 年。希尔施的论文(见《铸币期刊》,第 9 卷,1756 年)。莱布朗克:《法国货币史论》,1692 年。加尼埃尔:《夏尔孟尼时代的货币史》,2 卷,1819 年。克吕贝尔:《德国铸币制度》,1828 年。舒林:《荷兰及大英帝国铸币法》,1827 年。

三、转账银行

银行是法人，在国家的监督或特许下特大规模地经营银行家的业务。发行银行一般属于新式银行。

在转账银行中，地方商人将其重量不拘的贵金属存放在银行。当时的存款是不动用的。存款人都在银行开户，在那里记入其存款额。当他需要对另外一个参加者支付货币时，即从他的户头下减去这笔金额，而将它记入别人的账户内。整个利用总额各地当然有它的限度。

转账银行有安全和方便的好处，在人们不能确实知道流通货币的金属价值的地方或时候，这种好处尤为显著。银行手续费。存款不付利息。一国的财产虽不因银行而有所增加，但能获得便利。银行的放款。各种特权。这种银行遭受的特殊危险，是战时的没收和管理人的私吞。

汉堡、阿姆斯特丹、威尼斯各银行的简史。当交易发达了，转账银行就不再起作用。

〔参考文献〕马佩格尔:《论银行及银行家的法规》,1716 年。比施:《论铸币制度及银行制度》,1801 年。梅斯:《尼德兰银行制度史论》,1838 年。

四、结算及汇兑

结算。伦敦的票据交换所。

出票人、受票人。支付人、背书人、被背书人。汇票的样式。出票人在发出票据的同时承担对受票人按面额支付的义务。背书人对被背书人的关系亦然。

票据合同的特点在于:它是所谓书面契约(Literalcontract),附有履行合同的手续,在特别严格的情况下,一般附有和人的责任相结合的、履行合同的手续。承兑及其他、承付拒付。委托支付。共同承兑。决定过期的各种方法。

凭票即付的票据及其他。期票、汇票。开空头票据。票据贴现。

当两地之间应支付数额彼此相同的时候,汇价处于平价状态。顺差及逆差的汇价。汇价涨落的界限决定于输送现金的费用及风险等。汇价牌价。汇兑的裁定。总的说来,一个城市不会因汇价变动而有所损益。汇兑市价在贸易差额的决定上是无能为力的。

票据的效用。古代人对此认识得极不充分。

票据法的成立及其历史。

〔参考文献〕马尔登斯:《论票据法的起源》,1797 年。席贝:《票据学》,1834 年。

五、纸币及发行银行

纸币与有价证券的差别。后者的重要条件是附有利息和证券。古代及中世纪的信用铸币(Creditmünzen)[①]的例子。

在大宗交易中纸币是有其作用的,但对于小额交易则有害。由于纸币流通,有可能把一部分贵金属从流通中抽出来投向别种用途。因此,所有的纸币发行,都使这个国家流出相应数量的贵金属。另一方面,纸币可以随意增发,或者极容易受到增发的诱惑。即使有时超过流通必要量,也不会流出国外。纸币完全不像贵金属那样可用于其他用途。因此为了保持纸币的额面价值,纸币流通量就决不能超过流通必要量,同时要使一般公众相信发行券随时可以从支付金库中兑换金属。珀利茨(Pölitz)的规则:关于怎样才能看出纸币过多。滥发纸币的不利影响:起初是对生产者不利,其次是对债权者不利,以后扩大到整个国民经济。法国的阿希尼亚纸币(Assignaten)(法国革命当时发行的不兑换纸币)。

纸币信用常常只限于在高度发展的经济阶段运用。个人或国民愈富裕,愈能不受危害地脱离贵金属。这是因为它能够通过对别人财产的处理而极其容易地收回贵金属。一切私人财产由于纸币信用,与国家财产发生了密切的关系。

发行银行通常是由股份有限公司经营的。它流通纸币,并以经营营利的业务为目的。发行银行为了使它的发行券在任何时候都能够与货币兑换,必须有现金准备。根据经验,可以流通三倍到四倍的银行券,不致有何妨碍。银行利用这种银行券贷放极其安全且能很快收回的贷款。所以这种业务既不属于真正的商品交易

① 参照罗雪尔:《国民经济学体系》,第3卷,第50节注12、13。信用铸币和辅币的情况相似,是指用较名目价值低的廉价材料铸造的铸币。——日译者

的业务，又不是抵押借贷业务。银行的这种贷款只限于定期或短期的贷放，只限于对于贵金属的抵押贷款，或对于能保证变卖的优良公债或股票、或对于确实可靠的票据的贷款。这样经营的银行受到微小的损失，就能立刻停止银行券的实际的过剩发行，因而没有任何危险。银行的附带业务。由于银行券的损毁而获得的利益，由于伪造而遭受的损失。

所有的私人银行都有成为国家银行的趋势，所有可兑换的银行券都有成为不兑换银行券的倾向，纸币的自由市价有成为官定市价的倾向。这种危险的过程只有在国家实行很大的克制和贤明的政策的情况下才能避免。这种过程将经过以下一些阶段：政府的监督，银行的垄断。作为这种垄断的报酬，银行向国家付款或贷款。这样就使借方与应迅速收回贷款的贷方之间失去平衡，这时如一旦出现危险，就会将银行改为国家机关，或兑换银行券，予以补偿。如纸币的发行更有增加，则采取官定市价或最高价格等措施。

俄罗斯、英国和普鲁士等国近代纸币的良好状态。英国、法国、丹麦、北美和澳大利亚发行银行的历史。关于德意志联邦银行的议案。

〔参考文献〕缪赛尔：《爱国的幻想》，第 2 卷，第 3—9 页。西尼尔：《关于取得货币的成本以及关于私人和国家的纸币的一些影响的三篇讲稿》，1830 年。吉尔伯特：《银行的历史和原理》，1834 年。西斯蒙第：《论纸币》。帕莱尔：《论纸币及银行》，1832 年。〔英格兰银行：〕《筹备中的英格兰银行简况》，1694 年。桑顿：《大英帝国的纸币信用》，1804 年。图克：《通货论》，1826 年。古奇：《美国的纸币及银行简史》，1834 年。雅各布：《俄罗斯纸币论》，1817 年。米拉波：《西班牙银行论》，1785 年。

杜维尔莱:《关于金融和商业的若干考察》,2 卷,1740 年。《法国国家纸币的贬值及其清偿以及东印度贸易公司的作用之一般及特殊历史》,4 卷,1743 年。

第三十九节 生产危机

在工厂、机械劳动、大商业、国外市场以及纸币流通等起作用的经济高度发展阶段,生产危机出现得最为频繁和显著。人们可以称之为发达的分工的阴暗面(参阅第十六节,二、生产与消费的平衡)。它常常是由于各个事业部门的一时收益存在着过度的好坏之差而产生的。其他原因有:长期和平之后,爆发了战争;或长期战争之后,缔结了和平。在后一情况下,特别是对外贸易中发生的变化,对危机的诱发作用更为突出。不仅是一般对好景气的过高估计会导致生产危机,而且时常发生的纸币发行过多也会导致生产危机。

依靠国家救济的可能性是很少的。一般的情况是,在多数工业部门减产之后,或因破产将企业转给别人之后,国家的救济才开始出现。

1720 年、1793 年、1814 年及 1825 年的英国危机的详细分析。1819 年和 1837 年以后的北美危机。

〔参考文献〕《英国及爱尔兰的现状》,2 卷,1723 年。《1824 年和 1825 年成立的英国股份有限公司综览》,伦敦,1827 年。《对英国当前商业危机的考察》,1826 年。比施:《目前战争所引起的海外贸易的混乱》,1793 年;《关于 18 世纪末叶发生的商业动乱的历史分析》,1800 年。

第四十节　交通设备

一、一般原理

运输工具，不管它属于哪一类，都是分工的主要结果，同时也是它的主要促进手段。在人口稀薄地区铺设道路，一般是不利的。开辟道路在交易上有特殊的利益。具有政治意义的军用道路的简史。筑港、建筑灯塔等等，总的说来，比铺设陆地的人工道路早，铺设主要通道比铺设乡村道路早。运输制度的状况是经济的文化的重要标志。

近代在改进运输方面一些值得注意的事例。运输的改进提高了使用率，而使用率的提高又引起了新的改进。这种方法使分工变得容易了，因此生产更为完善，产品价格更为低廉，销路也就更加扩大。地方之间的过剩或不足也都容易获得调整。全国好像被集中于一点，具有一大城市的特征。这种改进对于所有过去的运输业者是不利的，而对于国家的经济力量以及政治的和军备的力量却是非常有利的。铁路在军事上的意义。但另一方面，如果外来敌人一旦占领了运输机构，可以广泛地加以利用。特别是在国内容易引起内乱和阴谋。连下层阶级外出旅行也很容易，这就带来了非常民主化的气氛。在精神教育与物质教育之间平衡是必要的。

古代各民族之间的共同的发展阶段。

〔参考文献〕谢瓦利埃：《公共交通、法国的物质利益》，1838 年。杜潘:《大英帝国的商业力》(第1卷,桥梁与道路制度),1825年。里特尔:《地理科学的历史因素》,柏林科学院,1839年。

二、陆路及水路

海洋。海流及贸易风。倾斜海岸、平面海岸、断崖海岸。第一种海岸对航船最为方便;第二种海岸经过人们很大的努力,能促进文化发展;第三种海岸却是引诱海盗的地方。海岸线连续的利益。这方面的统计。灯塔、船坞及其他。

河流网的统计。英国和澳大利亚水路网的比较。运河、河流的改修、拉船道路。注意不要混淆经济而有效地利用运河与运河经营者获取利润之间的区别。

〔参考文献〕杜当:《法国内河运输史》,2卷,1829年。吉拉尔:《关于运河及其专利权方式问题的考察》,1824年。

筑路工程的各种地理条件。道路的适当宽度。铺路法。碎石铺路只适用于运送硬质的物品,适用于坚固的车架,适用于运送不太沉重的货物。要禁止太重的车辆和过窄的车轮等。道路桥梁。

铁路。它的发明简史。据阿拉果估计,一马力在普通的道路上可以拉二千磅,在铁轨上可以拉二十万磅,在运河上则可以拉一百二十万磅了。至于铁路,即以蒸汽机运转的铁路,则具有空前的最大速力。修筑铁路的各种费用——利用地形、避免一切过度的曲折和斜坡、打通、隧道。单轨及双轨。铁路维持、管理及运转上的各种费用。过去在法国运送一吨重货物,每走一法里(四千五百米),普通运输要花费八十生丁,快速运输则要四百生丁,如利用火车运输只需二十八到三十生丁,水路则只要八生丁。

以后铁路主要用于为旅客服务，并用于急需运送的商品的运输。铁路对城市生活的巨大影响。最低级的坐位是重要的。铁路可使交易非常迅速，但决不能产生交易。由于它要有巨额的固定资本，而且在运输次数少的场合较之多的场合费用更多，所以它要以巨大的交通量为前提。在什么情况下铁路能获得最多的收益？铁路对于运输业者以及旅馆经营者的利润所发生的影响，完全可以同机器产生的各种作用相比拟。

桥梁。吊桥。隧道桥。

〔参考文献〕柯尔迪埃：《选自英国各种工程的道路、桥梁、吊桥等结构的研究》，1823年。克雷勒：《关于铁路的若干一般说明》，1835年；《关于铁路的一些数字》，1838年。李斯特：《德意志的国民交通制度》，1838年。莱拜留斯：《巴登铁路委员会会议记录摘要》，1837年。劳及霍夫曼的关于巴登铁路委员会的报告。弗兰策尔：《铁路、运河以及轮船航行的统计》，1838年。

在低级经济发展阶段，这些交通运输机关的建设，常常是由公共团体或国家负责进行的，一般利用道路工程的徭役。这种情况在事业创始时是必然的，这样做可以使道路的组织迅速完备起来。

在最高的发展阶段，与上述情况相反，毋宁是私人竞争即股份有限公司在这方面占优势。建立铁路网，过去有三种方法：(1)德国的方法：完全从各条铁路的个别线路开始，逐渐形成全国的铁路网，这里没有固定的中心。(2)比利时及法国的方法：这是有计划地从中心地出发的方法。(3)英国的方法：根据各条路线和私人产业的情况，直接形成最完整、最集中的铁道网。法国常常采用全部铁路同时进行的方法，它的利弊。在任何一种情况下，国家都必须采用各种方法进行监督和帮助。为了促进铁道事业，国家究应采取保证利息的方法，还是采取直接经营的方法呢？没收土地法规。国家对于线路方向和运费的干涉。国家的暂时的没收。铁路与邮政的关系。旨在防止股票欺骗行为的警察法规。课税。

交通税——交通愈是发展，征税愈是相对地减少。交通税的废除。

〔参考文献〕汉泽曼：《论铁路及其股东与国家的关系》，1837 年。毕罗-库迈罗：《普鲁士宪法及行政管理》，2 卷。

三、邮政及电信

已在一定程度上集中的国家政权，深切要求邮政统一。波斯、罗马等国邮政制度的开端。邮政大体上，尤其在与民间有关的方面是与印刷技术、各种重大发明以及其他的近代文化的原动力，同时发生的。德国邮政特权的历史和统计。邮政事业在多数国家中开始是由民间经营的，以后由于它获利优厚就被视为财政的源泉。

那些由国家垄断的事业，在经济发展以后，大多让给民间进行自由竞争。但对邮政事业却允许它永久具有特权性质。这是因为在一国广阔的土地上需要有完全统一的经营。局部地区的邮政是有害的，邮政的相互竞争则更为有害。如果邮政事业由民间垄断，这种垄断必将获得很大利润，特别是申请承包人之间的竞争决不可能彻底。驿递由私人掌握，也不能实现廉价经营，而且有损于它的公共有用性。劳关于德意志同盟邮政的设想。邮寄包裹的情况有所不同，这种特权在经济高度发展阶段是受到限制的。

作为发展最晚的例子，对葡萄牙邮政制度的说明。瑞典的邮政徭役。

在邮政组织中需要有下列规定：(1)保护邮政特权的规定。(2)重视书信的秘密。在什么情况下才允许侵害秘密？无税邮政。(3)中央邮局的地位、邮政公务员、从业员。(4)邮税。为什么邮税不能与邮件的重量和距离成比例地提高？(5)邮政的通信业务和银行业务。

邮政的收益随交易的发展而增长，但其费用却相对地下降。降低邮税当然会增加通信的数量，但却要减少发送广告以及附带发送的邮件和其他类似的东西。希尔的邮政改革方案是取消对商业的课税而由商业以外的其他事业承担税负。但是过去的课税是正当的、宽大的，又是人们习以为常的。他的这种改革由于金权寡头政治和激进派的合作而实现。过去的各种影响。

电信目前刚达到邮政制度初期所达到的阶段。它仅被用在国家的通信方面。电信的历史及统计。私人经营电信事业的危险。

〔参考文献〕菲舍尔：《邮政制度的一般历史年表》，1820年。果昂：《法国设立邮政史论》，1824年。克吕贝尔：《德国邮政制度》，1811年。马蒂亚斯：《论邮政及邮政特权》，2卷，1832年。莱拜留斯：哥德季刊上的论文，1841年。希尔：《邮政改革，它的重要性及实用性》，1837年。皮戎：《邮政服务与利用邮票方法对信件课税问题》，1838年。《邮政专门委员会报告》，3卷，1838年(季刊评论，第228期)。

四、其他各种交通设施

交易所。行市表。交易所从业人员，按主要业务部门划分从业人员的种类。禁止交易所从业人员自己做生意。

新闻。

度量衡。全国度量衡的统一。十进法及十二进法。应根据生活习惯作出规定。对容器及度量衡的管理。

第四十一节　主要商业国家的历史

〔本节仅列举参考文献。——译者〕

姚芮奥:《从古代到现代的商业及航运的历史》,4 卷,1778 年。杜莱斯:《论文艺复兴与欧洲商业》,1781 年。

关于古代波斯、印度、巴比伦、埃及,并概略地涉及腓尼基、迦泰基各民族:

赫伦:《古代各主要国家关于政治交通及商业的概念》,5 卷,1793 年。

希腊人——

贝格豪斯:《古代各主要国家航海术史》,1792 年。许尔曼:《希腊商业史》,1792 年。伏尔马莱奥尼:《黑海的航海、通商和殖民的哲学及政治史》,1788 年。阿迈戎:《布托莱梅王统治下埃及的商业及航海史》,1766 年。

罗马人——

帕斯托赖特:《关于罗马的商业及奢侈,关于商业法规和禁止奢侈法的调查和考察》(学士院团成员,3 卷)。比戎:《罗马商业状况的评论》,1788 年。

拜占庭人——

许尔曼:《拜占庭商业史》,1806 年。

阿拉伯人——

挪斯姆逊:《中世纪阿拉伯波斯与俄罗斯和斯堪的纳维亚的商业》,1825 年。斯蒂维:《阿巴斯领导下的通过非洲、亚洲和东欧的阿拉伯商业队》,1836 年。

阿马尔非、比萨、佛罗伦萨、日内瓦、威尼斯——

代平:《自十字军远征到美洲殖民地建立的近东与欧洲的商业史》,2 卷,1830 年。潘沙:《古代阿马尔非共和国史》,1724 年。《关于16 世纪佛罗伦萨都市的什一税及其他赋税,以及佛罗伦萨人的货币和商业》,1765 年。伏尔马莱奥尼:《论威尼斯的古代航运》,1783 年。马伦:《威尼斯商业的文化政治史》,8 卷,1788 年。马克格芮高尔:《两个西西里王国的商业统计报告》,1840 年。

西班牙、葡萄牙——

柯丁何:《葡萄牙与殖民地之间的商业经济史》,1794 年。罗伯逊:《古代人关于印度的知识以及好望角发现以前与印度商业的发展的历史研究》,1791 年。卡勃马尼:《巴塞罗那的航海、商业及艺术史话》,4 卷,1779 年。洪特:《关于新大陆地理知识的历史发展的批判性研究》(伊德勒译),3 卷,1835 年。

法国——

杜尔朋:《帝国成立到现在法国海运史年表》,1778 年。卡立埃:《一世及二世治下的法国商业状况》,1753 年。阿诺特:《路易十四统治末期及大革命时期的法国贸易差额及对外商业关系》,3 卷,1791 年。杜博伊:《欧洲现状下的法国商业》,1806 年。杜潘:《法国的生产力与商业》,2 卷,1827 年。包伦格:《关于法英商业关系的报告》,1839 年。

荷兰——

《荷兰商业记要》(诺伊鲍尔译),1717 年。吕德尔:《荷兰商业史》(卢札克改订),1788 年(参阅第 170 页)。《比利时内政部公布的商业一般图表(附对外贸易资料)》。

英国——

安德逊:《关于上古到现代商业的历史的年代的论述》,4 卷,1789 年。马克费尔森:《商业、手工业、渔业及航海的年代记》,4 卷,1805 年。《自罗马入侵以来到詹姆斯一世逊位英国土地及商业政策史的叙述》,2 卷,1785 年。金:《英国商人、大英国贸易及商业资料汇编》,1743 年。

杨格:《论大英国国民经济及商业》(克洛肯勃林译),1793年。罗威:《英国的农业、商业及金融的现状》,1832年。孟载尔:《从1775年到现代英国产业状况的比较》,1832年。图克:《关于最近三十年物价高低的思想和资料》,1823年;《从1793年到1837年货币流通状况及物价史》,2卷,1838年,续卷,1840年。

丹麦——

奥洛夫逊:《丹麦国家工业概览》,1820年。拉汤森:《1730年至1830年丹麦的商业、航运、货币及金融制度,历史的叙述和阐明》,1832年。

德国——

菲舍尔:《德国商业史》,4卷,1795年。扎托里乌斯:《汉萨史》,3卷。布雷德洛:《中世纪奥地利商业及工业文化史》,1820年。库尔茨:《古代奥地利商业》,1822年。罗特:《纽伦堡商业史》,4卷,1800年。布施:《汉堡商业史》,1797年。布吕梅林:《古代科隆商业》,1840年。贝歇尔:《奥地利帝国对外贸易的统计概况》,1841年。科斯塔:《的里雅斯特自由港》,1838年。费尔拜尔:《普鲁士帝国工商业状况的知识》,1829、1832年。迪特里希:《普鲁士和德意志关税同盟的最主要贸易品和消费品的统计一览》,1838年。迈丁格尔:《1840年代美茵河航运统计概览,兼论法兰克福的商业和集市》,1841年。居利希:《汉诺威的工业、农业及商业状况》,1827年,续编1831年。泽特贝尔:《汉堡商业论》,1840年。

〔其他〕——

居利希:《现代主要商业国家的商业、工业及农业的历史叙述》,2卷,1830年。麦克库洛赫:《商业辞典》(里希特译为德文,书名《商人手册》),1834年。

第四章　人口

〔参考文献〕马尔萨斯:《人口论》,2 卷,1806 年。

第四十二节　人口问题

一、马尔萨斯的人口法则

自然对一切生物赋予了这样一种繁殖力,即如在繁殖方面无所妨碍,它的同类将很快蔽满整个地球。人口迅速增长的例证,特别是北美的情况。最可怕的战争和疫病,对这种繁殖力好像也难以抑制。唯一有效的限制繁殖的东西就是食物的数量。抑制生育的限制和预防性的措施。因此人口始终是随生活资料的增减而增减。一般分工的扩大不仅是人口增长的结果,而且也是它的原因。

猛烈的鼠疫的影响。哪一类战争才能防止人口增长呢?①

西斯蒙第对马尔萨斯人口论的批判。

---

① 罗雪尔在《国民经济学体系》,第 1 卷,第 241 节中指出:只有阻塞粮食来源的战争可以防止人口增加。——日译者

二、人口的历史

在低级的经济发展阶段，抑制性的限制占主要地位，而在经济高度发展的阶段，则预防性的限制占主要地位。因此，在高级阶段，对总人口数来说，出生率是低的。在国民的衰老期，抑制性的限制必将再度加强。

〔未开化人的例子：〕南美岛屿的费尔朗特人、澳洲的新荷兰土人等、美国狩猎民族、南洋群岛的土民、黑人土人等的人口状况。(人肉的嗜好、国民的淫乱、奴隶战争。)游牧民。(移民。)挪威从前的人口。如果国民财富不是处于迅速增长的时期，新一代的结婚一般只有在老一代的结婚自然消灭的情况下才有可能。因此结婚数和出生数最正确地与死亡率相联系。在人的寿命最长的地方，出生数最少，这一现象不过是表面的矛盾。因此，那些减少死亡率的因素，如医务警察、建筑警察等，一般也减少结婚数，直接的结婚奖励办法通常也促进死亡率的提高。在文化高度发展阶段平均寿命一般要增加，但同时单身汉也增加。这些关系的道德的和政治的条件和结果。

东印度、西藏地区的一妻多夫制、中国的弃婴、近东各国的一夫多妻制等。希腊及罗马后期的淫乱史。娼妇。作为由人口过剩引起的道德败坏的标志，特别必须举出离婚的频繁和所谓妇女解放。

三、人口政策

人口的密度与高度发展的经济、政治、道德、文化阶段有内在的联系。一国的繁荣期是其人口最多同时他们的需要得到充分满足的时期。在重商主义时代，曾发生过于偏重人口数量的倾向。一般说来，许多国家在该国进入繁荣期以前都对国民人数的增加给予奖励，以后则设法限制人口增加。中世纪奖励结婚的方法大部分具有宗教的性质，即没有儿子的受到蔑视。路易十四的奖励金。外来的移民，特别欢迎来自文化高度发展国家的人。实际例子。这种移居是有危险的。更加有效的办法毋宁是在国内进行政策上的改革。但人口增加不可或缺的条件是财富的增加，或至少是它的更加平等的分配。对迁往国外的加以限制性的禁止。

国家想要让达到顶点的人口维持静止状态，是非常困难的。与每个人的情况一样，在一国的衰老期也不免发生困难。在何等程度上才有可能限制结婚呢？与这一点联系起来看，奢侈是有益的。永久的、暂时的移居。一国的人口达到顶点的最可靠的标志是新建的宿舍。

在衰落的国家中重新需要在低级文化阶段曾受欢迎的人口政策。

〔参考文献〕聚斯米尔希：《人种变化的神的意志》（1761—1762），3卷，1775年第4版。比克斯：《人口的移动》，1833年。拜尔诺叶：《人口政策》，1840年。葛德文：《人口论》，1818年。

第四十三节　济贫制度

一、贫困的原因

（1）绝对的不能劳动。这同人们的意志几乎没有关系，因此在各个文化阶段，大体上存在于同一范围。只是由于维持家族生活困难的增加，私生子的人数增加。

(2) 相对的不能劳动。在没有劳动意志的场合——即低级文化阶段出现的乞丐生活；在人们想劳动却没有任何工作的场合——即失业。就失业而言，有的是暂时的、地方性的，只是在个别产业部门发生；有的是人口过剩引起的普遍的、永久性的。这在交易发达的时代更容易频繁出现。能够得到救济的过剩人口，通常不久就变成不能得到救济的过剩人口。

(3) 过多的支出。这种情况导致贫困，总的说来，在任何文化阶段都是相同的。不过在低级阶段是用于救灾的支出，在高级阶段则是用于多子女抚养的支出。

贫民人数与罪恶事件发生次数的关系。

二、济贫政策

为什么像移民政策这样简单的手段，总的说来不能产生什么效果？为什么像财产共有这样一种多少进步一些的手段完全不能产生什么效果？

济贫救护政策历史中的根本思想如下：(1)当家族、组合、公共团体等紧密团结的时候，这些团体有力量维持它们的贫穷的成员。一旦国家使这些团体失去它们的政治作用，在济贫救护工作被削弱而且得不到保障的情况下，国家就得自己承担这项工作。(2)在贫穷还不显著的情况下，即当它在政治上还不显著的时候，济贫救护工作可以委诸民间的自由的慈善团体。但如这种慈善行为已感不足，国家就必须代以强制规定并集中办理的慈善措施。这是因为从政治上和从道德上说都不能让贫民感到饥饿。

在中世纪受授施舍物是自由的。有一种所谓穷人经常出入门第的习惯关系。在中世纪虽已有自由乞丐这一行当，但为什么那时一般穷人却极其少有呢？济贫组合等组织的存在。教会尤其是寺院在济贫救护事业中的地位。各城市中济贫政策的开端，多数是与慈善营造物的管理相结合的。

济贫救护事业一经政府插手，它常常要向更多的方面扩展，这是一般的趋势。首先，政府有责任承担施舍物品的分配工作，使一般公众免受乞丐的骚扰。禁止乞丐这一行当直接含有保证养活贫民的意思。为帮助贫民而实施的直接税、奢侈税等等赋税。信奉旧教的多数国家处于这种半法定性的济贫救护阶段。如果穷人进一步增多，就要采取半强制性的许多手段以提供施舍物品——如采用发表名簿或对那些不同情穷人的人规定其捐输金额等方式筹款。

最后，济贫税本身一般是在大灾害发生之后，先在一些地方采用，以后被保持下来。它在信奉新教的各国和北欧许多国家占支配地位。

英国济贫税的历史。

在彻底实行无限制的济贫税的原则时，常常附有下列条件：(1)正确规定、大力维护居住权，像英国那样将济贫负担转嫁给别人是一种失策。在决定住所方面的繁琐、公共机关之间的手续、住所不定。如果将居住权扩大到更多的贫民区，负担的确可以得到更平等的分配，但对每个人的照顾将大为减少。(2)严格禁止乞丐——这是为了维护济贫制度和一般公众。英国、法国、西班牙等国对乞丐的罚款。禁止施舍。但要实行这两种规定是困难的。

(3)济贫税有**逐渐增加**的倾向。英国贫民的轻率结婚和浪费。政府在帮助贫民时尽情满足他们的欲望是非常错误的。这等于命令他们结婚,禁止他们节约。新的实例。(4)最后,由于济贫税是强制富人缴纳的,这种征课从根本上损害了他们的慈善行为;同时,济贫税确保了贫民的权利,因而损害了他们的谦逊态度和感激心情。英国历来的济贫救护事业的态度。

英国济贫制度的改革(1834 年以后)。

由国家或由富人出钱来扶助多数穷人,这在雅典和罗马以及与之相应的发展阶段都曾有过。雅典所固有的济贫救护,在雇佣市民时任意支给薪金、免费看戏及其他。罗马的施舍粮食、大赈济及其他。

〔参考文献〕卢格尔:《贫民史》,1793 年。艾登:《英国劳动阶级的历史》,3 卷,1797 年。《关于济贫税的管理与实施向皇家委员会的报告摘录》,1833 年。西尼尔:《关于济贫设施的报告》,1835 年。劳:《关于英国新济贫法》(年鉴第 2 卷)。福德莱:《各国贫民的历史和道德》,1829 年。巴尔吉孟:《基督教政治经济学,或法国和欧洲贫穷的性质和原因的调查》,3 卷,1834 年。纳维尤:《济贫法,其效果及原因》,1836 年。吉朗多:《论社会慈善》,4 卷,1839 年。劳威茨:《国家对贫民的关怀》,1815 年。汉逊:《济贫制度的批判》,1834 年。蒂尔克:《对孤儿、贫民及难民的救护措施》,1839 年。福格特:《汉堡济贫设施史汇编》,1838 年。埃默曼:《那梭的贫民救护措施》,1817 年。克韦尔贝格:《论东佛兰德的土民》,1819 年。瓜里诺斯:《西班牙政治经济学文库》,2 卷,1804 年。

第四十四节　各种济贫制度的详细说明

一、济贫救护的各种指导原则

(1)不预先研究贫民的全面情况绝不应开始救济。在进行慈善工作的前后须亲自作几次访问。物品的施舍仅占慈善行为的最小部分。(2)既应关怀贫民的身体,也应注意他们的精神状态。这时更应注重形式上的教育——需要僧侣的协助。与教会没有关系而专门从事济贫工作的僧官。(3)须预防特殊情况下的贫穷。这项工作应在节约和道德的基础上进行。(4)要尽可能做到救济以实物不如以工作,救济以货币不如以实物。(5)尽可能将贫民委诸其家族团体。这样做费用少,且对家族和贫民也都是道德的。在不能这样做的场合。(6)注意不要因为有施舍物品而直接或间接扩大贫困的范围。在发生饥荒、生产危机以及一切不可预测的灾害时更要注意。凡属惯常的贫穷当然具有令人厌恶的性质。(7)募来的款子要用光,但须节约。要照顾施舍人的个性。经常的或临时的募捐。

〔参考文献〕吉朗多:《贫民的访问者》,1820 年。缪赛尔:《爱国的幻想》,1 卷,第 73 页。

二、预防性的济贫设施

在低级经济阶段,这些措施几乎只限于在组合内部进行。后来,这些组合具有了正确的、精细核算的性质。即它们的成员不再作为普通的人,而是作为小资本的所有者而相互结合。

工人互助合作社是教育工人独立生活的组织。

典当、特别是带慈善性质的当铺。它的设施、利息及风险。

储蓄金库——利用它的阶级。存入储蓄存款、储蓄存款的最高和最低限度、利息、保证。储蓄与公安的关系。强制储蓄。

储蓄金库一般为下层阶级所利用,而生命保险多为上层阶级中的一部分不富裕的人所利用。担负利息而取得资本的保险，分期付款而获得年金的保险。寡妇互助金组合，对债权者的保险，以及为其他目的保险等等。在保险人没有得到应有的关心时，这类事业是被禁止的。这种制度所固有的危险。丧葬费储蓄组合，结婚费储蓄组合。

〔参考文献〕塞莱第：《公立当铺史》，1752 年。理查森：《储蓄银行编年史》，马尔库斯：《欧洲贮蓄金库》，1838 年。德康多尔：《瑞士储蓄银行》，1838 年。利特洛：《关于生命保险及济贫院》，1832 年（《季刊杂志》第 128 号）。缪赛尔：《人寿长短的规律》，1840 年。

三、现行的各种济贫措施

婴儿院——这是使人们感到弃婴有困难的一种策略手段。这在一般道德上是有危险的。幼儿死亡率增大。

托儿所——这是否能减轻下层阶级的已婚者的负担，很令人怀疑，但它能降低死亡率，并且实际上缓和贫富悬殊。

孤儿院——最好设置巡回检察官，进行地方上的个别救济。对出院后的孤儿的监督。

〔参考文献〕伽尤阿尔：《关于法国的孤儿、私生子和孤儿院的调查》，1837 年。伦格尔：《关于霍夫威尔的贫民教育制度的报告》，1815 年。

人口稀少的地方目前对增加中的贫民仍采取轮番救济方法（即只给予一定期间工作的方法）。巡回劳动者。这在道德上和治安上都是有危险的。用保证最低生活的方法将贫民移到垦区去是件好事。

平民工厂，凡是要求劳动的可以在这里得到工作，对那些不愿劳动的要强制他们劳动。英国平民工厂的历史。要使平民真正就业是有很大困难的。这在人口多的国家或人口少的国家都是一样的。在人口少的国家，恐怕只有丧失劳动能力才是贫困的原因。使用平民的行业。

囚犯的刑罚作业及过度劳动使成本降低。使用平民的行业会给自由劳动者带来危险性的竞争。出售平民工厂的产品会产生同样的后果。因此平民工厂所费不赀，开始时虽很热闹，但为时短暂不能持久。不过它在多数平民的衣食取暖方面和其他公共设施方面却是有利的。鲁姆福特式的菜汤和泰恩菜汤。

职业介绍所。

济贫移民。这对处于低级文化阶段的国家是有效的。在能够实行最集约的农耕的地方，使那些不能从事特定工作的平民开垦荒地，不能认为是有利的。

〔参考文献〕洛茨：《论公立平民工厂》，1810 年。《关于波尔多、德累斯顿、戈塔、洛桑、曼海姆、慕尼黑、波茨坦、罗斯托克、锡耶纳、斯特拉斯堡、的里雅斯特、威尼斯等地济贫设施内容的报告和规章制度》。《巴黎市慈善医院、收容救护所和抚恤救济费的管理》，1837 年。坡迈乌斯：《农业移民及其利益》，1832 年。博施：《论弗雷德里克索的移民及利用荒地和未开垦地的开垦以满足平民要求的方法》（克韦尔贝格译），1821 年。劳威茨：《论贫民移民问题》，1821 年。

四、对所谓危险阶层的取缔

流浪汉，在小地方的领地内最多。他们的职业及其不正当的副业。唯一的救济办法是让他们定居。但这对流浪汉和公共团体都是困难的。因此政府规定公共团体的义务，对流浪汉实行拘禁。

骗子——习惯、行话、绰号、纠集同伙的方法、分工等等。其防止方法——夜警、路灯、跟踪、禁止通行、制作黑名单、搜查住宅、侦察。娼妇——公娼、私娼、鸨婆、拉皮条。这一阶层与流浪汉、骗子的结合。勒令登记,给予警告,采取使他们以后易于改过的警察手段。

男女工人特别是大都市的工人沦入这一可恶阶层的过程,以及应当采取的对策。

〔参考文献〕摩尔:《防御性的司法》,其中第 241 页及该处所开列的详细文献。柯尔克荷因:《伦敦的警察》及《泰晤士河的警备和商业》,1800 年。弗莱吉尔:《关于大城市人口中的危险阶层》,1840 年。杜夏特赖:《巴黎市的娼妓问题》,2 卷,1836 年。

第三编

国家财政

〔一般参考文献〕

古代:黑伦:《古代主要国家的政治、交通及商业》,1793 年。此外可参考下列各书:赖尼埃:《波斯及腓尼基人的国家经济和农业》,1819 年;《阿拉伯和犹太人的国家经济和农业》,1820 年;《埃及及迦太基人的国家经济和农业》,1823 年;《希腊的国家经济和农业》,1825 年。伯克:《雅典的财政》,2 卷,1817 年。布尔曼:《罗马的财政》。黑格维施:《罗马财政的历史研究》,1804 年。博塞:《罗马财政制度概说》,2 卷,1806 年。

德国:许尔曼:《德国中世纪财政史》,1805 年。博塞:《从历史上看德意志联邦国家的经济状况》,1820 年。赫克:《德意志联邦财政统计资料》,1823 年。博罗斯基:《普鲁士的实际官房制度及财政制度概说》,2 卷,1805 年。本岑贝格:《普鲁士的货币事务和新税收制度》,1820 年。汉泽曼:《普鲁士与法国,它们的国家经济和政治》,1833 年,第 2 版。库迈罗:《普鲁士的宪法与行政》,2 卷,1842 年,第 3 版。马林可斯基:《帝国官房职员手册》,2 卷,1840 年。鲁德哈尔特:《巴埃伦大公国的状况》,3 卷,1827 年。乌贝洛德:《汉诺威大公国的财政》,1834 年。霍夫曼:《16 世纪初期符腾堡的财政制度》,1840 年。

英国:辛克莱:《英帝国财政收入史》,3 卷,1803 年。派布赖尔:《英帝国财政史及一般统计》,2 卷,1803 年。杜潘:《1822 年的英国行政制度》,1823 年。劳默尔:《1835 年的英国》,2 卷,1836 年。帕莱尔:《论财政改革》,1830 年。马歇尔:《大英帝国及爱尔兰的人口、生产、收入、财政工作等资料摘要》,2 卷,1833 年。

法国:《法国历代法令汇编》第 15 卷以后的帕斯托赖:《序言》。伏尔邦内:《1595 年至 1721 年法国财政的调查和若干考察》,6 卷,1758 年。阿诺特:《法国财政通史》,1806 年。蒙第翁:《1660 年至 1791 年法国著名财政大臣的特征和经验》,1812 年。尼克尔:《法国的财政管理》,3 卷,1785 年。加尼尔:《财政学》,1825 年;《公共收入政论》,2 卷,1806 年。吉朗多:《法国行政法学会》,1830 年(第 3 卷及第 4 卷)。马卡赖尔和包拉泰尼埃:《论法国公共财产》,6 卷,1838 年。道迪弗莱:《法国财政制度》,2 卷,1840 年。

荷兰:奥吉安德尔:《1813 年后的荷兰财政史》,1829 年,1834 年,续篇。

西班牙:包莱果:《西班牙的国民财富、财政和国家债务》(柯登康甫译),1834 年。

其他:马尔库斯:《统计与国家通报》,2 卷,1826 年。柯恩:《财政纲要》,1826 年。雅可布:《国家财政学》(艾泽伦编),1837 年的概要。马尔库斯:《财政学及财政实务手册》,2 卷,1830 年。劳:《财政学原理》,2 卷,1843 年(第 3 版,第 1 版为 1832 年)。

第四十五节　私权的和社会整体的国家观

共同的权利思想是国家所固有的纽带。根据如何看待个人与全体的关系,其思想可大别为二类:(1)私权的观念。这种思想主张人民只在直接对自己有利的范围内才承担义务。统治者只应按其私权的种类,特别是对作为他的领地的附属地行使统治权。这类国家即世袭的国家大体上与长子世袭制、庄园、采邑等等的统治关系相类似。这里还不存在不同于个人目的的公益目的。

(2)社会的或国家的观念。这种思想认为国家不是统治者和被统治者的出于个人目的的结合,而是它本身就是目的,也就是把它作为更高的总体利益来看待。在这里,统治者和被统治者的权利关系各自分为两个领域:一是属于自己利益的权利范围,例如私有权、既得权;另一是属于整体利益的权利范围,例如统治权和国家公民权。

第二种思想,在文化高度发展阶段,随着国家日益统治国民的全部生活而愈益彻底。绝对君主政治作为这种社会的整体的观念的国家所拥有的各种权利,后来的自由主义政治当然也沿用,但由于自由主义的影响，近代的反动又在许多方面显示了倾向于私权的国家。例如哈勒尔的批判。①

上述这两种思想的对立贯串于整个国家的各种关系。属于私权观念的，有国家分治、门阀地位；属于社会的整体的观念的，有领地的让渡、皇室费、皇族费。同样，还有封建制度、雇佣兵——征兵。复仇权、和解——刑法、处罚。

从财政方面来看，私权的国家主要依靠私权的财源即领地及国家事业而存在。社会的整体的国家则依靠租税而存在。私权的国家的租税（与社会的整体的国家情况不同）应视为原来直接从国家得到的各种利益的一种代价。在私权的国家里每个人专为自己的利益，或在与别人接触时，总想尽量利用国家，少为国家作出牺牲。如果上述努力实现，为国家目的而承担的义务之间就会出现极端不平等的现象。在市议会里的立法权利以及其他方面的权利，都不是为了国民的一般的权利，也不是为了国民的一般的利益，而不过是各个个人、组合、阶级的特权。属于国家权力的各个部分，以私权的出卖或赠与的方法，转到私人手中。私权的国家中的自由，在于尽量不受国家的约束。这种自由在社会的整体的国家里是不可能想象的。在这里自由只在国家政权的直接或间接干预下才得到承认。

〔参考文献〕著者论文：《论与小法人斗争中国家政权的形成》（比劳编：《历史与政治年报》，1843 年 9 月号）。

① 据罗雪尔：《国民经济学体系》，第 4 卷，第 2 节，注 6：哈勒尔对私权的国家观提出了批判，他认为把它与整体的国家观完全对立起来的看法是危险的。哈勒尔著有《国家科学的复兴》，1820 年。——日译者

第一章　领地及其各种特权

第四十六节　领地

一、领地的政治意义

租税在巨大的资本存在时方显得重要；特权在工商业成为盈利行业时才彰明昭著。因此，领地经济（先于租税和特权）属于国家财政的最古老的门类。领地是由于征服等而形成的。

领地经济的最好实例是伽罗林格王朝（8、9 世纪）的财政制度。当时帝国领地的由来是多种多样的。管理官员有领地总管、地方管理官、巡察员。皇帝本人也参加管理。有关上述方面的资料：韦力斯法令集（特别是卡尔大帝，813 年部分）。由于没有固定的皇帝居住地，因而领地的收入必然有自然消耗，这种必然反过来又成为缺乏固定居住地的原因。一切国家设施都由土地供应，所有的官吏都领受采邑或实物地租。在古代弗郎克时代，其他的国家财源有：铸币特权、宫廷贡奉、房屋营建、国家徭役、租税、关税、罚金、裁判手续费等等。

以后随着国民经济的发展，各地的领地在两种情况下减少了，这就是由于：1.贵族的霸占；2.帝王的转让。

罗马领地所有制形式的历史——使用、收益、占有、委托、农地法令。

德意志帝国领地的衰落。各地的领地，一部分原系诸侯的旧根据地，一部分是霸占帝国的领地而形成的，还有一部分是后来、特别是宗教改革以后获得的。但在德国，最早发展成为独立小邦的封建领主有很多也丢失了它的领地。英国和法国领地的历史。瑞典出现了领地的再合并。

所有的革命都想通过对领地的分配或其他处理方法，尽量将多数人与革命的命运联结在一起。关于革命时霸占者让出来的国有地的所有权，存在着法律问题，对此，我们必须区别这个国家是完全由王侯统治的，还是完全由人民统治的。

由于国家的社会性愈益加强，领地经济的各种不便愈益成比例地增多。赞成领地经济继续存在的理由，可以举出：世袭君主的利害可以不依存于贵族，租税负担轻，地租将逐渐上涨等等。反对方面的理由，可以举出：一切官营事业的纯收益少，国家侵害民间利益造成不利和混乱等。总之，从领地的规模大小来看，可以对一国的政治经济的文化阶段作出很多的推论。有关领地的统计。

领地是属于统治者一家所有还是属于国家所有这个问题，一般是不能作出决定的，但有时是应该加以回答的。这种区别与实际利害究竟有多少联系呢？在许多国家，包括严格意义的君主政治国家在内，领地起先是属于统治者个人所有，以后属于统治者一家所有，再后就成为国家所有。因此，如果得不到皇族或贵族议会的同意，领地是不能转让的。皇室世袭财产、皇室费、皇室领地等等是在领地所有权属于国家这一观念下形成的。

二、领地的管理

随着经济的文化的发展，在领地管理方面，民间活动日益发生重大作用。

（1）直接管理。这种管理方法在诸侯的领地上直至18世纪还占支配地位。在这种领地上，仍然长期存在着诸侯居住地的变动和实物缴纳。管理人员：管理官、书记、属员。司法和行政管理完全结合在一起。这种情况在农奴制经济或徭役经济条件下，完全是必然的。在上述管理人员之上，还有高级管理官、管理长官等等。从前，最高法院是由王侯与宫廷大臣及侍从武官一起开审的。后来成立了官房。官房职员的组织与工作。

其后，纯粹的佃租人阶层出现了，这是基于下述废除直接管理的各种理由：1.管理人缺乏应有的关心。2.将巨额经营资本委托别人代管是有困难的；而且在这种情况下，要求扩大资本来适应经济阶段发展后的各种需求，也是有困难的。3.在农业实行集约耕作的情况下进行精确的管理，所费既多，效果也不大。4.收入的不固定、不规则日益成为增加中的财政需要的障碍。但是，日常管理总是很好的不在此列。

（2）保证管理。这是指管理人要在一定的最低限度内承担义务。在实物缴纳出现超额的情况下，他可以从中得到一定比率的利益，与薪俸同时领取。这种方法的缺点。

（3）定期租佃。它在17世纪以后逐渐占支配地位。初期曾遭到各种破坏。由于实行定期租佃的方法，一国的资本和劳动力投往领地方面。起初也允许官吏租佃土地，作为他们薪金的一部分。司法、警察和土地管理慢慢地分开了。

有根据指定而成立的租佃关系，也有与愿出高价的投标人订立的租佃关系。前者历史最久。在还存在接受实物、承担徭役义务和其他古老经济形态的残余的地方，还保留着这种租佃地，其大小可根据第二十三节第二小题中的有关论列来决定；租佃时期可根据第二十四节（大农场经营的种类）来决定。出价过高的投标不可信用。

对租佃地收益的评价。评价目的各有不同：由出租人来评价时（采取下一季的中间收益）；由卖地人评价时（取一般中间收益）；由抵押债权人来评价时（取最低收益）；由租佃人或买主来评价时（则最高可能收益），如此等等。对收益评价是根据一般的经验来进行的，即根据特殊的测量和地理位置的勘查以及各该农地本身的耕作经验来进行的。同时应加考察的有：农耕地、草地、牧场、农园地、家畜使用等等。

租佃契约——缴租条件、按照内行的各种看法来核定财产、修缮、保证金、预防过度使用农地的方法、改良。重灾年的免租。领地的什一税和其他地租的承包。

（4）世袭租佃。这种方式大多用于与领地隔离的土地。世袭租佃人取得领主的同意可以出卖或抵押土地，只是不允许分割。这种佃租人所缴纳的租金叫做世袭租金或世袭租佃的地租。在允许投标高价租佃的情况下，仅在世袭租金方面可以有竞争。开垦时的世袭利息。18 世纪偏重世袭租佃。这种方法只在地租不再能够显著上涨的情况下方被人们采用。利用货币同谷物的适当结合来规定租金，这对世袭租佃来说，比之定期租佃更为必要。

(5)世袭租佃转变为出售。一般在开始出售时可先不多卖，而首先出卖在文化高度发展的地方的一部分最劣等领地。农地的出卖可以促进国内大小农地的适当调整，一般为了防止浪费，应将出售的代价忠实地用于偿还债务。库迈罗的意见。[①]

〔参考文献〕许尔曼：《德国封建领地使用的历史》，1807年。施雷贝尔：《皇室领地及其收益的废除》，1754年。尼古拉：《普鲁士领地制度管理的经济、司法原理》，2卷，1802年。佐伊特尔：《关于国有领地的管理》，1825年。雷根奥尔：《巴登官房领地经营的法则和规则》，1827年。霍夫曼：《符腾堡的领地管理》，1842年。雷根奥尔：《地方诸侯对什一税的管理》，1829年。

三、〔附〕国有林

如前(第二十八节三、林业的各种制度)所述，对国有林不应采取租佃乃至出售的方法。国有林的收益表面上似乎更加减少，其原因大部分在于负担加重和位置劣等化。减少管理费用。出卖处于劣等位置的各块土地。

森林地的管理——林地监察员、林务官、高级林务官、中央官厅。

森林统计及经营计划。保护森林，尤其要防止木材被盗。林地移民或新开垦。

木材的出售。为此准备林道和浮筏。木材的品种。在当地对木材进行加工和使用木材的各种行业。亏本出售木材是不利的。

① 库迈罗的著作有《普鲁士的宪法与行政》，2卷，1842年(第3版)。他对普鲁士当时过多、过快地出卖领地，发表了反对意见。——日译者

在林木尚未砍伐的情况下出售？在林地砍伐以后出售？或者在所谓木排场出售？还有，是根据指定价格出售？是根据一定的公定价格出售？或者是根据投标人出的高价出售？决定价格时应考虑消费者中的下层阶级的利益。

森林的某些利用权（如牧畜、割草等）可以适当出租，但狩猎最好由林务官作为他的工作来兼管。

〔参考文献〕哈尔蒂希：《森林指导原理》。韦德金德：《森林管理和林业经营入门》，1831 年。普法伊尔：《森林射击和森林警卫学》，1831 年。

第四十七节　各种特权

一、采邑的贡纳

采邑贡纳最盛行的时代，是在国王被认为几乎是一切土地所有的源泉，因而最重要的事业也几乎只有根据国王的委托方可经营的时代。在英国大多是在十字军远征时代发展起来的。关于理查一世（1189 年）和约翰（1199 年）时代的国家收入的说明：

（a）领地及森林的收入、领地居民的“太力基”[①]课税。

（b）根据一般陪臣的义务而征课的“免除兵役税”。采邑中三件大事[②]发生时的“补助税”。中世纪非常重视诸侯被俘时的赎身

① “太力基”（talliages）是英国在 14 世纪废除的对领地居民实行的一种课税法。——译者

② 所谓采邑中的三件大事是指：1. 诸侯被俘；2. 第一王子成为骑士；3. 第一公主结婚。——日译者

费。与采邑三件大事发生时的补助税有些类似的还有下列几种：继承税、出卖采邑时的许可费、在没有继承人时的土地没收。

(c)国王对一切无主物、漂流物和贵金属等的权利。国王对一切孤儿和疯人的保护。国王有优先购买日常必需品的权利。市场特权、关税特权、铸币特权、河流特权、独占权、犹太人保护税，以及在外国人死亡时对他们的财产的没收权。

(d)诸侯有分得战利品和缴纳品的权利。诸侯作为高级审判官的收入——罚金、对各种判决的批准和宣告的贡品、对恩赦的贡品、恩惠金。作为一切名誉和特权等的最高源泉的国王的收入。教主空位与国王命令僧正扶养俗人命令书。

上述这些收入中的大多数在各地都转让给民间了。我们可以看到以后的很多租税源出于此。只是当时课税原理尚未得到充分发展，就是说，不是从现实的租税担负能力出发，而是将那些带偶然性的身份、年龄的差别和偶然发生的国家权力之争视为课税的基准。各种各样的课税正是根据强权制订的。但是在这里批准权之中已显示出议会政治的萌芽。大宪章(Magna Charta)(英国，1215 年)。

这些采邑贡纳以后的历史。

〔参考文献〕菲利浦斯：《论国王优先购买日常必需品权利的习惯性、合法性、理由、义务和必要性，对人民是很小的课税和负担》，1661 年。辛克莱：《公共收入史》，1803 年。还有劳默尔：《中世德国霍亨斯陶芬王朝的历史》，5 卷，第 4 章。关于普鲁士教团的饶有兴趣的财政参考书有福伊·格特：《普鲁士史》。

二、固有的特权和垄断

国家固有的特权及财政的特权。

很多特权既是为了追求财政上的目的，也是为了追求国民经济上的目的。这些特权是指它们如交给个人掌握会有危险，因而保留在国家手中的各种经营权。狩猎特权和渔业特权（参阅第十八节二）、矿业特权（参阅第二十九节二）、铸币特权（参阅第三十八节二）、邮政特权（参阅第四十节二）。通常这类特权在发达的经济阶段都要变成纯粹的警察部门的监督。其他各项事业，在国家已充分着手经营的场合，一旦经济文化发展了，一般要转变为私人经营的产业。

所谓特权是指具有特权的国家工业，所谓垄断是指具有特权的国家商业。在本来意义的政治活动的范围以外、获利很多的这些国家事业，只在政治范围还不宽广，且未摆脱私权性质的情况下才是合适的。在绝对君主政治时代，垄断事业获得极大的发展。伊丽莎白女王时代的英国（1575 年）。埃及的穆罕默德·阿里王（1769 年）。

垄断会产生不利影响：它妨害生产者并常常压迫他们，使消费者的负担过重，破坏供应。加之管理困难，销路杂乱，管理费用很多，特别是由国家自己经营管理垄断事业，问题更为显著。这些特权一般都由消费税或关税代替了。

制盐特权。由于它获利很大，所以很早就发展了。除便于直接经营的国家盐场外，就私人盐场而言，国家也容易对它的产品实行强制销售，在批发商的批发站里，对零售商人规定了一定的价格。为了防止私运，特别在国境地方规定较低的价格，同时对日常消费用盐进行登记。与其他国家的制盐业订立协议。最好不计算运费而规定全国统一价格。家畜用盐、肥料用盐和工业用盐。古代罗马、法国、奥地利、普鲁士的制盐特权。各国的盐的消费量。一般说来，盐税弊端在于它使下层阶级的负担加重。

〔参考文献〕施特恩费尔德:《中古德国特别是巴伐利亚和奥地利的盐场》,1835 年。

硝石特权。特别出现在法国。硝石在国防上是重要的，但应尽可能欢迎它的完全自由生产。将采掘硝石特权化，对地方居民妨害极大。

火药特权。制粉业特权。浮筏特权和航行特权。意大利的农业垄断。俄罗斯的火酒特权。

烟草特权，只在加重奢侈负担的范围内是合理的，对烟草生产课征直接税的、非常合适的步骤差不多是不可能有的。在英国，作为国境税的关税，采用征税方法。法国、奥地利和西班牙的烟草国营。

彩票特权。在 16 世纪意大利开始有彩票。起初多数是用于慈善目的。日内瓦式的或按号码得奖的彩票制度和荷兰式的或按等级得奖的彩票制度。

在那些充满幻想而又怠惰的国家，以及那些受到高度文化的黑暗面侵蚀的国家，发行彩票往往获利最大。法国的游荡的地方和紧张的地方。在道德和福利方面彩票对下层阶级危害特大。获利者多数流于挥霍。因此，对发行彩票的动机虽不能以法律规定予以压制，但必须运用国家权力对发行彩票加以限制，并在财政上加以利用。彩票的中奖额越少，买彩票的人投机思想越严重，彩票发行当局获利越多，彩票的危害性就越大。因此“罗托”式(按中签号码得奖)的方法是最坏的。英国、黑森—达姆施塔特大公国、法国废除了彩票制度。为准备废除彩票制度，采取增加中奖额、减少中奖数、减少筹款等步骤是妥善的。

主要城市及温泉地方的赌场。

〔参考文献〕缪赛尔：《爱国的幻想》，第1卷，第161页。贝克曼：《发明的历史》，1805年，第5卷，第334页。

三、国家权力被利用于财政目的

属于这方面的各种制度的共同点，在于国家使那些利用权力的个人就他的行为向国家纳税。这是很容易从垄断制度得到说明的一种习惯。以后国家将这些目的扩大成为一个统一的整体，这种倾向就日益消失。因为对国家的各项缴纳被认为是必须由更多的人共同担负的义务。

官职买卖。最初是以借款形式进行的。在教皇领地尤为流行。在那里，一般宗教的财源（即无形的财源）从外观上看是无限量的，这种情况促进了官职买卖的发展。法国市议会里的贵族称号的买卖，这种买卖的结果，官吏保有他们的特殊地位（即变成贵族、免除课税）。英国的军团。教皇的袈裟费。英国詹姆士一世（1603年）的卖官鬻爵。在普鲁士威廉一世（1713年）时代非常盛行。奥地利的课税制度。

在完全衰退的国家，例如在拜占庭帝国，这样的关系再度出现。

道路特权。建筑道路的通行税不能认为是真正的财源。因为它连修建道路的费用都不能补偿。但航行税情况有所不同。它与本来意义的关税有区别。德国河流税的历史。它虽能使国库增加收入，但容易妨害通商，所以在高度发达的文化阶段，除补偿航行建设费用的目的外，它的价值仅仅相当于向外国人征收那一点。因此它随地方权力增大而增大，又随它成为陪臣而衰减。

维也纳会议（1815 年）关于河流经过几个国家的航行问题的各项规定。1804 年、1815 年及 1831 年的莱茵河航行条例、1821 年易北河航行条例、1823 年韦萨河航行条例。荷兰关于“通至海口”的要求。

海岸税。海峡税。要求取消这些负担的意见。现在还存在这些负担的地方，不仅要尽量将税额限制在极小的程度，而且要尽量减少时间的浪费。吨税、起重机使用费等等。

中世纪的护航权。由于它不具有真正的保险作用，在高度发达的经济阶段完全被废除。

〔参考文献〕奥本海姆：《自由的莱茵河》，1842 年。

罚款处分和没收财产。没收财产在偿还制度向罚款制度过渡时期特别盛行。在东洋这不仅是一种财源，而且是压制法官的有效手段。法国和其他国家的重刑行政裁判[①]。上述这些收入只在各专制国家才显得突出。

审判手续费。它源自中世纪的“Fredum”。虽然由诉讼者负担一切审判手续费是不公平的。但如完全废除，会激励那些好打官司的人。民事诉讼、刑事处分和不起诉判决记录等的手续费。警察的手续费和罚款。用审判手续费来支付法官和其他人员的薪

---

① 据罗雪尔：《国民经济学体系》，第 4 卷，第 20 节，这是对财务官员犯罪可任意罚款的一种特别裁判，它具有介于罚款处分与官职买卖之间的性质。——日译者

俸是有害的。这种费用是国库的一部分。

授予发明专利权、民间植林等等的手续费。赦罪金，它由教皇自己用于纯宗教性质的赦免。

正如从采邑缴纳中产生了直接税、从特权和垄断中产生了间接税那样，从手续费中产生了印花税。

第二章　租税

第四十八节　租税的基础理论

一、税源

任何租税都是个人享乐的牺牲。因之必须警惕那些忽视这一事实的征税立法者。在这种情况下，政治财富将为物质财富所收买。政治财富的购买的利弊得失与国家的命运有关。

租税不应从财产中而应从收入中征收这一原理，只在税额已达到极大程度时，才具有实际意义。检验全体国民或国民中各个阶级的负担超过到什么程度，它的标志是：任何一种租税只能从纯收入中征收，也就是从扣除所有生产者以及地主和资本家的必要生活费用后的剩余收入中征收。为什么工资的纳税能力，即令金额完全一样，也低于地租和利息的纳税能力呢？（工资中很少有这里所指的纯收入部分。）

所以最好的租税是所得税。不过国民经济越发展，对所得的管理就越困难；同时，租税的负担越大，逃税的可能也越大。因此将租税分配到众所周知的三个所得部门，不过是能够更加近似地进行计算而已。

直接税和间接税——前者是对人的或物的财富所有的一种课税，后者是对一种行为、即对营利行为或享乐行为的课税。人们可以从上述二者对纳税义务人的所得作出判断。

租税的转嫁。卡纳尔对转嫁关系的错误意见。[①]

二、租税对商品价格的影响

(a) 对土地所有的租税。如果这种租税不是根据纯收益或总收益，而是根据土地面积、工人人数或所有者的身份等进行征课的话，那些并不产生地租而为整个消费所不可缺少的土地也会被课税。这种情况必然要引起土地产品价格的上涨。消费者因价格上涨而多支付的金额，只有一部分归于国家，大部分则归于走好运的地主。不考虑生产成本而对总收益课税，如果消费情况不变，会引起剧烈的转嫁，使总产品价格上涨。反之，如果租税是纯地租中的一定部分，则租税将不影响生活资料的价格，而完全落在地主头上。但是在这种情况下，要使税收清册臻于完善，并使与土地密切结合的资本分离出来，显然是不可能的，而且已耕种的土地虽不产生地租，但将它完全放弃也不容易；所以在对地租征课的租税中，常常含有几分纯粹对总收益课税的性质。反之，由于农业资本转投于其他事业是最困难的。对农业资本的课税常常也含有几分地租的性质。

① 据著者《国民经济学体系》，第 4 卷，第 38 节，注 4，卡纳尔在其《政治经济学原理》(1802 年)中认为：租税将随时间的推移而分布到全体国民之间，他轻视转嫁的事实。——日译者

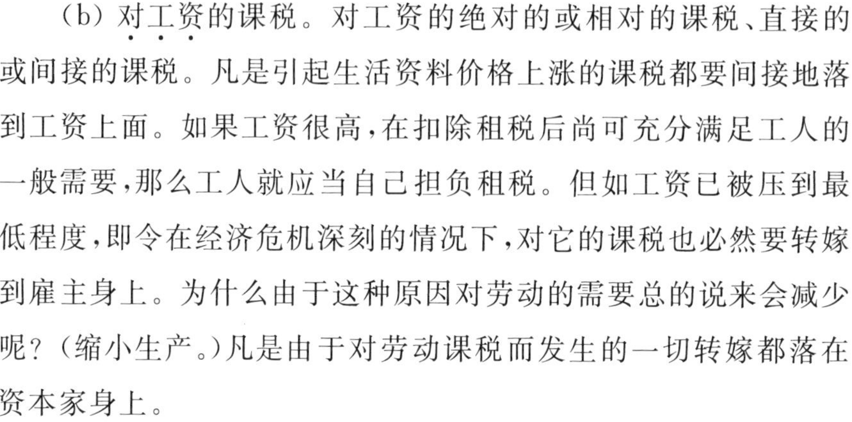

（b）对工资的课税。对工资的绝对的或相对的课税、直接的或间接的课税。凡是引起生活资料价格上涨的课税都要间接地落到工资上面。如果工资很高，在扣除租税后尚可充分满足工人的一般需要，那么工人就应当自己担负租税。但如工资已被压到最低程度，即令在经济危机深刻的情况下，对它的课税也必然要转嫁到雇主身上。为什么由于这种原因对劳动的需要总的说来会减少呢？（缩小生产。）凡是由于对劳动课税而发生的一切转嫁都落在资本家身上。

（c）对资本利息的课税。由于资本利息已在很多的土地课税和劳动课税中间接地承担税负，所以再对资本利息直接进行课税就不妥当了，何况这也是非常困难的。如果对每一种投资都要课税，那么这些投资就要等到利息增长了的时候才投下去，这就会导致资本缺乏。如果对全部资本都课税，资金就会通过对外国贷款形式外流，从而引起利率高涨。就固定资本而言，情况将会怎样呢？

对货币的课税，由于货币处于不断流通状态，无法作出规定。只是利用债权证书的贷款，还算一个问题。但是在这种情况下，如果对公债进行课税，将有害于国家的信用。如属私人债务，将产生这样的结果，即资本家自己使用他的资本，直到资本的利率提高时为止。

一切租税的转嫁都要看国民的意志如何。这就是说，租税虽然增加了，但它的转嫁只在消费不变的情况下才会出现。当然它要受一般福利、生产部门的增减、时尚等各种条件的限制。因此，在一般情况下，转嫁不可能完全实现，课税的一部分仍由纳税人负担。并且对产品的课税,对一起生产、共同享受的一切人都发生影响,影响的程度同他们参加这些活动的情况成比例。谷物关税和铁矿关税等发生的影响是广泛的。一切课税开始实行时,由于必将引起巨大损失的转嫁,总是受到极其激烈的抵制。

李嘉图的法则——租税高的国家,物价自然高昂。在这里,流通手段的价格变动对各种物价的影响是极不一致的;而在没有课税的国家中,它对所有物价的影响是一致的。

〔参考文献〕李嘉图:《政治经济学及赋税原理》,第 8—17 节。

将所有租税统一为一种租税的提案。伏邦关于皇室什一税的提案。重农主义者的土地租税。佐登的对生产者的课税。

〔参考文献〕泽格:《优良税收制度的物价表》,1811 年。伏邦:《皇室什一税方案》,1707 年。

三、优良税收的几个原理

(a) 应与各人的财力成比例。克伦克、雅可布、罗泰克等人倡导的享乐原则,这一原则与能力原则。享乐原则是一种最基本的原则,在实际生活中无法实行。能力原则与在法律面前一律平等这一原理有联系,这是从等量的财产对每个人都具有同等大小的价值这一观点出发的。但这种比例关系一般只能是近似的。缺乏这种比例关系的有:免除租税、销售税、罗马的营业税等等。另一方面,对巨额税负须采用累进税法。

(b) 对税款、支付时期、方法应作出法律规定。决不允许税务官胡作非为。一般国民厌恶税务官尤其是他的下级人员——苛敛诛求。税率、间接税的税率表、直接税的税收登记。缺乏法律规定的原则的税收有:对整个地方的派税、连带负担等。汉诺威(1816年)的对地租的连带负担。

(c) 课税不应使纳税人承担超出他们向国家缴纳的税额的损失。因此,必须尽量减少征税费用——税务人员的人数,由于强制执行而造成的国民的损失。收税次数,过多或过少。苏里对这一点的改革。必须尽可能选择适当的时期——对下层阶级的直接税应分成较短时期征收;对间接税的征收应在真正消费之前进行。必须尽可能选择没有害处的方法——要考虑到国家和国民的特点。必须避免由于管理税收而过分妨碍交易或道德上的不利影响。但所有的租税都不免带有这些缺点,尽善尽美的极少。对滞纳的处理。

新税开始时特别要采取间接的渐进的方法,而后逐步提高,这样做是有利的。

〔参考文献〕布罗吉亚:《租税论》(意大利古典文库,第 4 卷)。克伦克:《税收制度的性质及其作用》,1804 年;《租税管理细则》,2 卷,1810 年;《正确的税收原理》,1819 年。哈尔:《税务管理手册》,2 卷,1814 年。克雷尔:《根据国家法和国民经济原理实行的税收制度》,1816 年。克雷默尔:《税收制度分析》,2 卷,1821 年。荷根道尔勃:《关于公共繁荣问题的书简》,2 卷,1830 年。穆尔哈德:《税收的理论和政策》,1834 年。霍夫曼:《租税论,特别论述普鲁士国家》,1840 年。普里特维茨:《租税和关税理论,特别论述普鲁士及德意志关税同盟》,1842 年。鸠力韦:《论累进税》,1793 年。

第四十九节　租税的历史

税收是在国家财政与私人经济相结合、二者的相互利益发展到最高点的地方产生的。

一、租税外史

日耳曼民族的传统原则是：自由民除在战时服兵役，从事公共团体分配的义务劳动和缴纳实物外，在其他方面应完全根据各人的自由意志纳税。古代法兰克时代的根据自由意志贡纳实物。代替服兵役的"Beden"税，它的种类。特别"Beden"税。[1]

〔参考文献〕森斯贝格：《古代租税及课赋的起源与形成的研究》，1823年。艾根布罗特：《论税赋的性质》，1826年。

〔议会对税收的议决权的发展过程如下。〕

德国地方州议会最初起源于伽罗林格王朝的地方贵族评议会。封建国家时代，陪臣的各种集会是它的雏形。早在后来的州议会成立之前，一切地方居民的权利，在与诸侯相对抗中，已得到充分保证。即在他们面临危急存亡之际，他们能够自卫并取得皇帝的庇护。

其后，封建领地越是独立发展，地方居民特别是教主、骑士、城市等等，为了对抗诸侯的侵害，就越是紧密地团结起来。这是中世纪的普遍的对统一的要求。这种团结的机会，多半是14世纪初期以来诸侯的继承契约和继承纠纷等问题造成的，其中特别重要的是诸侯对税收的苛敛诛求。在这里，依靠团结的力量逐渐产生了多数表决的方法。后来在会议上也偶尔实行多数表决的方法了。

① 据罗雪尔：《国民经济学体系》，第4卷，第55节，注3，"Beden"税是介于私权性质的缴纳与本来意义的税收之间的一种税。——日译者

这种情况的发展与农民阶级的关系。

随着地方各邦需要的增大，税收形成有规则的东西。由此产生了保证地方自由、申请赔偿损失以及其他各种地方权利的要求。于是地方的州议会逐渐发展成为全州的代表机构。例如奥斯那布力克大公国，但这时州议会尚未真正具有就别人的行为作出决议的权利，只是对已提出的负担要求进行讨论，看它是否符合一国的现实需要。对税收的“可否、数额和对象”等加以讨论。当时免除特定阶级的租税负担是十分合理的，因为当时的情况是，即使是骑士领地的租地人，只要担负修筑一座桥的费用，即可获得正式国家公民的资格。

通过对税收的议决权，早在宗教改革以前，地方州议会就差不多到处都获得了下列各种权利：(1)没有他们的同意不能对土地进行分割、转让或削减。(2)发生继承纠纷时，可参与监护人的管理组织等。(3)对战争及结盟的同意权，非经他们同意，不承担提供任何补助的义务。(4)参与管理经过他们同意的税收和借款。议会中的关于这方面的全院委员会和后来成立的委员会，在许多州里使议会本身堕落了，国库被分成两部分：属于诸侯的领地及其特权的部分；属于州议会的税收的部分。前者常常被用于日常的支出，后者则只用于契约所规定的支出，特别是战时支出。(5)除普通的集会结社权外，还有召集本来意义的州议会的权利。

地方州议会同时也是诸侯的主要咨询机关。因此，如果双方对于应制定的法律意见一致，一般只有帝国才可以反对。

宗教改革开始打破这种在当时尚可与帝国议会并肩存在的地方州议会的假象。在新教各邦中，教主会议和教会对诸侯一般仍处于十分依存的地位，在各天主教国家中，大主教和僧侣阶级也必须与诸侯保持极亲密的关系。骑士阶级一般丧失了他们的复仇权，并且在很多天主教的地方受到当地新教派势力的压迫。城市也后退了。国内治安的维持，使地方的州议会失去了它过去的大部分作用。适应时势的新的趋向，由于各特权阶级的存在和自私心而遭到阻碍。过去的免除租税的特权虽已丧失它的基础，但仍继续存在。

由于上述这些情况，地方州议会必然要经常受到舆论的指责。在政治学者有关议会权力的意见中，这种情况尤为明显。如鲁道尔夫·胡果、霍恩、托马修斯等人。由于当时皇帝的地位日益削弱，而且出现了一种学说：国家权力的所有部分是属于诸侯的权利，这是值得怀疑的。但是由于这些权利大部分才开始形成，议会对诸侯一点也不能表示书面抗议。有学识的官僚集团还把地方的州议会排挤在一边，甚至州议会对租税的议决权也遭到反对。皇帝腓尔迪朗特二世（1619 年）曾禁止波埃门州议会议论不属于它的范围的事项。事实上，租税越来越重要，因而将它交给处于上述状态的州议会任意作出决定也越来越不可能。直接的帝国国税与经地方诸侯或州议会同意的帝国国税的发展。1670 年的帝国意见书企图完全取消州议会的课税权，但未获皇帝批准。另一方面，由于威斯特发伦条约（1648 年）的签订，诸侯的势力扩大了。及至17 世纪后半叶，常备军比过去重要了，因而税收的大部分日益从州议会手中分离出来。大选举诸侯与州议会之间发生纠纷。普鲁士的战时财政与领地财政的历来的分离，对发达的国家财政日益发生干扰作用。德国许多地方的州议会逐渐衰落。符腾堡贵族的

各种情况。德国的许多王室受到外国国王的影响。

由于德意志帝国的衰落，根据帝国裁判对州议会实行的最后的积极的保护被放弃。1803年帝国委员会决议的结果。① 在莱茵同盟时代（1806年莱茵地方十六个州成立了莱茵同盟——日译者），大诸侯们相信以他们新获得的统治权，可以完全废除地方的州议会。各种组织。仿效法国先例的威斯特发伦的宪法。这种变化产生了一种效果：排除了那些不应再予维持的、有害的中世纪残余中的某些东西，特别是排除了各种免税特权。过去曾获得免税特权的人们能提出什么样的补偿要求呢？

德意志联邦条例（1815年）第十三条："各联邦国家可组织州议会"。这一条文通过外交途径成立的过程及其最初的含义。奥地利帝国的请求议会。1823年以后，普鲁士的州议会。最近由腓特烈·威廉四世（1840年）完成的情况。

在德意志的各立宪国家中，州议会对租税的管理权大部分被废止。另一方面，对整个国家财政的议决权和监督权却扩大了。以后，州议会对租税的管理权受到各种限制，因此任何州议会组织对诸侯等的联邦执行任务均无妨害（1820年）；州议会也不否认为适应联邦要求和地方宪法而采取的由政府实行的必要措施。他们的对税收的议决权由于实施了其他各种建议也直接或间接地受到限制（1832年）。由于这种情况和联邦的最高立法权，维也纳会议的决议条例的规定，有效地使一切国家权力集中在统治者手中，并

① 这是在拿破仑进攻奥地利以后通过的关于赔偿案的决议，曾引起德意志帝国内部的大分裂。——日译者

且统治者只在执行一定范围内的权利时，才需要取得议会的赞助。

州议会性质的旧组织与多少带有代议制性质的新组织之间的差别，可以归结为下述几种对立的情况：(1)特权、取消权及其他——根本法。(2)常常附有抗议条款的、有条件的忠诚——王侯的神圣不可侵犯，宰相的责任。(3)对与既得权益无关的法规，只提出忠告，参与各方面的管理——对法规有同意权，对管理只提出忠告或其他。(4)国库分别管理但税收部分共同管理——国库的合并以及对整个国家财政的管理。(5)各人自己或各人所委托的代表，得全权根据训令提出对领主的议案——整个国家的代表；根据讨论结果进行自由投票；对选举人不负直接责任，因此应采取公开方式。

〔参考文献〕皮特尔：《论德意志国家和君主的法权》，第 1 卷，第 6 节。路德哈尔特：《巴埃伦议会史》，2 卷，1816 年。弗赖贝格：《巴埃伦议会及其议事录史》，2 卷，1828 年。施皮特勒：《符腾堡特别委员会简史》(第二汇编的若干记事)。普法伊尔：《库尔赫士议会宪法史》，1834 年。博普：《黑森-达姆施塔特议会制度史》，1833 年。达尔曼：《对石勒苏，益格—荷尔斯泰因州议会的税收议决权的议事记录的分析》，1819 年。密开尔逊：《关于石勒苏益格-荷尔斯泰因州的前代议制》，1831 年。

英国和法国的州议会发展情况的比较。英国最初也只承认特种租税。例如最初因国防需要而征收的一种宅地税等。因此，凡是被认为不是迫切需要的一切租税，都被认为是暴政。在爱德华一世(1272 年)时代，承认人民对一切补助税和租税有议决的权利。教皇波立发鸠斯八世(1302 年为法国腓力四世所禁锢)以后，开始对僧侣阶级课税。随着议会已有的对租税的管理权和议会的立法权的普遍扩大，议会背离了它只能在短期内议决通过税收的原则。15、16世纪的强制捐献。邱杜亚家族(1485年)虽有无限势力，但由于教皇领地已显著世俗化以及诸侯领地的出卖和垄断，未能侵害议会对租税的管理权。在财政上英国的统治几乎是不稳定的，但在政治上却产生了立宪的根本法。上院和下院具有不同的对租税的议决权。永久税与摊派税。在最高的经济发展阶段，片刻也不能缺少租税，在这里，实际掌握对租税的议决权的团体，就真正掌握了国家权力，它的最显著的标志就是具有任命大臣的权力。

法国的十字军税。路易九世(1226年)及腓力浦六世(1328年)在形式上承认了州议会对租税的议决权。这是因为当时一般的州议会只议决各种永久性的税收，所以极少召集议会。而且国家直接管理租税的尝试失败了。腓力浦六世以后的常备舰队、夏尔七世(1422年)以后的常备军。财政法规只能由议会制订的习惯逐渐形成。这与德国的官吏处于优势地位时的情况迥然不同。1614年以后，帝国的州议会成为似有似无的东西。

〔参考文献〕哈赖姆：《中世纪的欧洲国家》，2卷；《自亨利七世即位至乔治二世驾崩的英国宪法史》，2卷，1827年(第2版)。

为什么新兴国家的情况与古老国家不同，在那里租税制度形成一切政治斗争的中心？

二、租税本史

一般说来，实物徭役和实物课税早于货币课税，不固定的课税早于固定的课税，但在募捐制度向征收制度过渡的时期有例外。

最早的租税一般是财产税，在低级经济发展阶段，财产与土地所有几乎是同一种东西。所以财产税自然主要与地租相交错。使国民中某一阶级总括地接受一定的税额，而后再分派到每一个人身上。例如城市的临时财产税。英国和法国所得税的历史特别悠久。免除租税和课税义务的对象逐渐从私人的财产转移到一定的物体。在德国，特别是17世纪后半叶以后，开始根据一定格式的征税清册征收地租，同时开始了清册的调查工作。英国最初的人丁税出现在爱德华三世(1327年)时代，后来逐渐由所得税或等级税代替。亨利四世(1399年)以后出现了薪金所得税。亨利六世(1422年)时代开始对所得税实行最初的累进税法。德国的帝国租税在中世末期是人丁税和财产税的一种混合物。

一般说来，间接税获得重要意义的时期最晚，因为交易和资本发展得最晚；消费税尤其是这样，因为对外贸易的发展早于国内商业。中世纪各城市的消费税(例如营业税、交通税等)。英国消费税简史。在路德时代德意志帝国提出了国界关税的议案。一国重视农业的程度越是超过工商业，间接税就越是多于直接税。英国废止了对人的课税，取消了地租，所得税也只在非常必要的情况下征收。

古代各国经历了同样的发展过程。在罗马和雅典的繁荣时代，自由民之间根本不存在普通的直接税。但与某些情况一样，在古代不固定的实物租税比之现代存在的时间更长。例如雅典的朝拜钱等。

本来意义的税收制度，各地都发展得极其迟缓，首先从目前最不可缺少的对象开始，而后才考虑到利用税收的多样性替换那些不好的课税。新的简单制度的优点。在由不同的构成部分结合起来的国家中，各邦之间税收制度的差别只能逐渐消除。对各地的租税负担能力进行比较的标准是必要的，但极难实行。

各种征税方法中最老的是：(a)分摊征收。这是以低级文化阶段强有力的公共团体、邦和贵族等为前提的。

(b) 直接管理，即由国家官吏征收，通常施行于直接税方面。

(c) 包税。在实行间接税的初期，为了对抗承包人无孔不入的私人打算，维护纳税人的个人利益，实行这种方法并不是不适当的。但归根结底这种方法只在金权寡头政治统治的国家中实施。由于承包申请人容易相互妥协，所以在他们之间很少竞争。在这种情况下，真正的私人企业没有任何活动余地，所以那些承包者常常希求侥幸。也有粗暴地加紧征税的。雅典、罗马、法国的总包税人。

从直接管理向包税制度过渡的中间形式是富豪的预缴义务。实例。但预缴者利用这种制度避免缴税，因而它极容易被破坏。在实行直接管理的场合，在征税人的手续费方面也有类似情况。

〔参考文献〕萨维尼：《皇帝统治下的罗马税收制度》(柏林科学院论文集，1822 年)。普菲芬格尔：*Vilriariuo illustratus*，3 卷，第 383 页以下。朗格：《德意志税收制度的历史发展》，1793 年。拜耳赖勃希：《卡伦贝大公国和哥廷根大公国的财政租税制度史》，2 卷，1799 年。施密特：《普鲁士州税总览》，2 卷，1825 年。克勒维茨：《马格德堡大公国的税收制度》，2 卷，1799 年。施米德林：《符腾堡税收法规手册》，1835 年。扎托里乌斯：《汉诺威大公国土地分割的均一税》，1815 年。泰叶尔：《赫森大公国的税收》，1814 年。斯蒂芬斯：《租税史》。肯林格姆：《税收史》，1778 年。马笃斯：《财政史》。马尔丁：《英帝国的租税》，1833 年。《税收及税法纪要》，巴黎，1768 年，第 2 卷至第 4 卷，并参阅第 211 页以下所列详细书目。

第五十节　直接税

一、所得税与财产税

这些税收在理论上是最完备的，但在具体课税上却最困难。公共团体成员之间彼此提出反证相互评价的方法。纳税义务者自己申报的方法。它对严重舞弊有诱惑作用。防止逃税的方法有：以很低的估价强制收购财产，在逃税者是企业经营者的情况下对检举保守秘密等等。现在这些税只是为了弥补其他税收的不足，在必要时才征收。

英国的庇特的所得税以及最近庇尔的所得税。汉诺威（1817年）王朝的所得税。

财产税根据对财产价值的估价而不是根据收益课税，因而存在着对经营资本过高课税的缺点。雅典的财产税。1812 年普鲁士的财产税。

应注意，属于财产税的还有继承税及迁移财产附加税。征收继承税虽然容易，但具有不公平的性质，对国民的节约更有不良影响。也有根据亲疏关系分步骤实施的。迁移财产附加税简史。它已由近代各国订立条约予以废除。这对负债额大的国家是不适当的，因为离乡的人由此可免除一部分债务。与这种税应有区别的是对外国人遗产的取得权。

〔参考文献〕利普斯：《论唯一现实的单一税》，1812 年。瓦尔特：《从祖国法律史说明免税特权制度》，1775 年。博德曼：《德国实施迁移财产附加税法的历史，特别论述美茵茨省》，1791 年。

二、地租

地租在很多国家中一般是最重要的租税。地租的统计。租额通常在纯收益的百分之五和百分之六之间。征收这种税愈困难，愈要在充分调查真正的地租后课征，因此必须有正确的征税帐册。波斯，罗马的征税账册，英国的土地丈量册，布朗登堡的土地清册，意大利的“Libro del dolore”，17、18、19 世纪德意志土地账册的勘查。

土地清册的基础是土地丈量。这对国家实现其他目的也是必要的。因此要十分准确地进行此项工作。三角测量、全面图、地方国、郡县图、耕地图。一地的分地愈益增多，耕地图的标准必须随之愈益加大。参谋本部的丈量。

评定土地的等级有四种方法：(1)根据总收益。这种方法最简单，不花钱，但最不准确。但如比照土地面积来运用，在租额不大的情况下，这种方法大体够用。(2)根据卖价。实行这种方法，需找出适当的平均时期，避免引起卖价变动的偶然因素。(3)根据地租的大小。应注意租地人用以从事副业或举办大农场，竞争不多的情况。(4)根据纯收益。即确定总收益后，从中扣除耕种费用，余额按当时的市价计算。对极特殊的产业产生的不同收益，为避免经常变动，不予加算。以上各种方法的实现都需要很长的时间和巨大的费用。农地愈分割，费用愈多。图斯卡那、隆巴蒂、莱茵普鲁士、法国等的土地清册。有必要采取适当增加新变化的方法。

根据上述四种方法，可以个别地处理每一块土地，也可以分为几种标准地，分别作出评价。前者很难避免调查不充分。耕地申报人、评价人、上级监督人。纳税人提出异议、调查委员会。公共团体、地方、国家等的土地清册。

扎托里乌斯与穆尔哈德等人的见解。他们反驳了那种认为固定不变的地租只损害最初的纳税者的看法，反驳了那种认为土地价格的下降只降低资本化了的租税部分的看法。因为这只在有害的租税制度下，即资本逃光的情况下才是可能的。

由于土地改良提高了土地价值，对地租是否应加考虑？这样做是公平的。但是为了奖励耕作，仍以承认它在一定的年限内可以免税为好。

抵押债务应否从土地的价值中扣除？归根结底怎样做都好。因为债权人由于利率下降，虽非直接但也间接地承担了税负。

以农民的土地为基础的实物缴纳，在任何情况下都应对权利人课税。奥地利的例外。课税方法之一是，先由义务人预付租税，而后从实物缴纳中予以扣除，在这种情况下当然要有简便的法律手续。还有一种方法，即先在清册上减去实物缴纳，对权利人加课土地收益税。实行后一种方法，应注意实物缴纳的征收费用和基本缴纳的各种义务。

〔参考文献〕本岑贝格：《论土地清册》，2 卷，1818 年。格赖韦尔：《地租及土地清册》，1821 年。施佩特：《根据纯收益和总收益的地租》，1818 年。格罗斯：《根据以丈量、评定土地等级和征税土地清册为基础的税收管理细则，对土地所有的纯收益所作的评价》，1828 年。弗洛托：《为了修订地租，根据等级评价土地的方法》，1820 年。加尔立：《米兰州的土地清册》(现代意大利古典文库)，第 14 册。《法国关于土地清册的法规、法令、规章、训令和决定等形式的汇编》，1811 年。《歌埃他大公国纪要》。

三、人丁税与劳动税

实行最容易而在理论上最不完备的是人丁税(对每一人进行无差别的课税)。这只在财产不平衡现象很少的地方才有效益。一旦财产不平衡的程度有所增加,它将转变为等级税。土耳其的“Charadsch”税(一种免除兵役税)也有类似情况。俄罗斯的人丁税的最近变化。在后期的罗马,同样,在近代的法国、奥地利等国,人们认为对最下层阶级也应进行若干课税,但人丁税显然已丧失它的重要性。在这种情况下,对那些老年人及年幼者必须免征。普鲁士的等级税(1811年),在小城市和低洼地区,分为四个等级,后来,特别是在莱茵地区,分成了更多的等级。最下层阶级由于人数多,差不多负担了总数的一半。汉诺威的人丁税的历史。

将单纯的劳动工资当作终身年金加以课税的例子,到处都有。甚至那些当日工的劳动者有时也被当作课税对象。

薪金税一般是否应该许可?的确对处于官吏地位的人,可以区别其作为官吏与作为公民的二重人格。对官吏完全免税有这样一种害处:特别是在一切外表的威信仍以官僚方式来维持的情况下,租税对于人民将被认为是一种凌辱。课税时应注意避免逃税和转嫁。薪金税的最老的例子——古代法兰克帝国的官职税。

〔参考文献〕西恩霍尔德:《普鲁士州的等级税制度》,1831年。

四、资本税

房屋税一部分属于资本税,一部分属于地租。房屋收益中包含的土地地租,随着时间和地点的不同,比之建筑利息更容易发生激烈的变动。其征税清册的调查核定,在大城市里是根据房租来进行的。但在小城市或地方上,必须使用以买卖价格或建筑价格为基准的分类法。对官宅以及尚未租出的出租房屋应否课税,应予考虑。应从清册的征税资本中扣除修缮、维持和改良等项费用。经济阶段愈发展,每一个居住者所占的房屋资本一般就愈多。汉诺威的房屋税与营业税的关系。英国的门户税(户口税)及窗户税。对可以出租的营业用建筑物,同时课以地租和营业税是不适当的。

利息税调查核定其征税清册时可供参考的是公债登记簿、抵押登记账等,以及慈善捐款或未成年者等有无国家的保护监督。其他则一般根据所有者的申报,对此,可利用人们惧怕更详细的调查或死后暴露的心理,以及对检举保守秘密的方法,加以促进。也有使债务人纳税的,但在这种情况下债务人对债权人会先作扣除。对慈善性的捐款以及全部小额资本应加斟酌。在已课征利息税的场合,不问情况如何,对抵押以及为营业而借用的资本,都必须免征地租、房屋税、营业税等等。

〔参考文献〕赞成利息税的,有雅可布、罗泰克和劳等。斯特瑙:《众议院关于拜埃伦工业法规草案的委员会报告》,1828 年。反对利息税的,有克雷默尔、马尔库斯和穆尔哈德等。穆尔哈德的《租税的理论和政策》(第 405 页以下)。

五、营业税

这是劳动税和资本税的混合物,近似间接税。征收清册的调查核定,按下列准则进行:(a)根据固定资本额的大小;或(b)根据流动资本即库存商品、使用人数或间接税的支付额等；(c)根据销售额的大小——在这种情况下，调查当地居民人数的多少，是找出地方营业的平均销售额的一条很好的线索。上述这些准则，运用于不同种类的营业，一般并不比运用于同种营业的不同经营者更为有效。考虑经营人员的表面的富裕程度，是为了在管理上加以利用。

普鲁士的营业税——应该划分地区，确定各部门各个营业的平均销售额，由每个营业者个别地纳税。但这些都有一定的最低限度。汉诺威的营业税，赫森大公国的营业税。法国的特许营业税是不利的。符腾堡及巴登的制度，即对工资和利息另作较低的评价。对同一人从事多种营业的处理方法。对贫民实行的免税。

一切营业税主要是为了对营业收益中包含的工资正确地进行课税而产生的。对资本利息课税过多或过少，很快会由于利息平均化的倾向而获得平衡。由于课税对象变化激剧，更需委托熟悉当地情况的评价人。营业统计的发展。对农业经营者同时课以营业税是否合适？

〔参考文献〕施佩特：《论营业税征收问题》，1822 年，西恩霍尔德：《普鲁士州的营业税制度》，1831 年。

第五十一节　间接税

一、一般性质

根据第四十八节三(优良税收的几个原理)对间接税作一般的

考察:(1)它具有比例性。间接税立足于这样一种见解:它将使每个人力求他的享乐适应于自己的能力。对生活必需品课税有危险性。(2)它具有法律的稳定性。这是间接税的一大特点,因而在尊重自由的国家里,间接税比之直接税更容易被接受。缴纳租税的时间和金额以纳税义务人的意志为转移。(3)它具有其他一般的无害性。间接税有可以分期小额缴纳、避免滞纳等优点,同时也存在征税费用巨大的缺点。工商业愈发展,征税费用相对地愈少。间接税非常容易引起逃税活动。走私者对税关人员和法规会进行反抗,但如税收很低,不值得冒险,就不致如此。即使与近邻各国签订了协定,也难以完全避免走私。走私商人的组织及其通常的手法。间接税的这些弊害能否利用着眼于统计的总数得到避免?如果间接税的组织已经成立了相当长的时间,国家可以同直接税一样正确地计算间接税。间接税具有随同一国财富的增长而自然增加的优点,它是一国经济发展水平的一般的适当的晴雨计。

降低税率,比较地说极少减少税收总额;相反,降低税率常常使消费量增加,使逃税减少,从而使税收总额增加。绥夫特的九九表。①

间接课税的几个主要原则:(1)最多的收入有待于中等阶级的消费,如对高级奢侈品课税,就要耗用过多的管理费。对一般生活必需品课税,压力过大,因为它不可能有任何节减。(2)总的说来,任何租税都必须尽可能在消费前征收。这样做可以使生产较之在

① 绥夫特是《伽立佛旅行记》一书的著者。这里的意思是指二二不等于四,有时会等于五。——日译者

财政紧迫情况下所要求的缩减得少。(3)正像征收直接税可以使那些带永久性的有目共睹的所有承担较高的税负一样,征收间接税也只使那些隐蔽困难、中止经营对经营者有害的行业承担较高的税负。

〔参考文献〕埃申迈尔:《论消费税》,1813 年。乌尔门施泰因:《论间接税的优点与缺点》,1831 年。维德尔霍尔德:《间接税文献和历史手册》,1820 年。菲利皮:《新普鲁士间接税法全集汇编》,1830 年。黑斯:《巴登关税、消费税法规和规章全集汇编》,1827 年。马林可斯基:《奥地利的一般消费税》,1839 年。埃力斯:《关税和消费税法和税收》,1823 年。阿古尔:《间接税和消费税法》,1817 年。《彻底揭露走私,对这一最不义行为实行一个有效对策的建议》,1763 年。

二、消费税

对上一世纪荷兰的消费税制度的说明。对 1830 年以前的英国的消费税制度的说明,在英国这种课税获得了高度的发展。

(1) 谷物税和肉类税。以前一般是采取门户捐的形式征收的。其不利之处。普鲁士的筵席捐和屠宰税,在地方上和小城市征收这种税有很大困难,所以代之以直接税。汉诺威的营业专利税的情况也是这样。最合理的是只对进口过多的部分课税。这时要规定在一定地区内不许从事谷物和肉类的交易。屠宰税可根据重量或牲畜头数征收。对制面包用的燕麦等要采取低税率。对制粉业者和屠宰业者的管理方法。

(2) 饮料税。征收这种税在财政和道德方面的影响很好。对火酒课税要照顾农业用的小酿造厂。蒸馏罐税废止以来,火酒税不是附加在麦芽税中一起征收,就是在火酒还贮藏在酒窖中的时候征收,基于警察方面的理由,啤酒税的税率更低。它与面粉税同时从麦子中征收,或在麦子投入磨坊以前,或按照酿造中的桶数,或根据酒厂情况,或根据其中任何一种情况征课。葡萄酒税,如向葡萄栽培者征收是不利的。对一切消费用贮藏课税更为合适,在这种情况下,对批发商不征税,但必须经常检查其仓库,监督其出售。瓶口税。葡萄酒税的收入有很大变化。

(3) 直接征收的直接消费税。这是对长期持续消费的东西征收的一种税,是在生产者不能预先缴纳的情况下实行的。马车捐及车捐,奢侈性的养狗捐。对养狗捐还另有为了治安的意图。对金银食具器皿课税是不适当的。实行累进的住宅税也是不适当的,住宅税最好按出租价格征收。在这种情况下,对大城市和单身汉(对负有赡养家属义务的户主)要给予特殊考虑。法国的家具税,征课有困难。

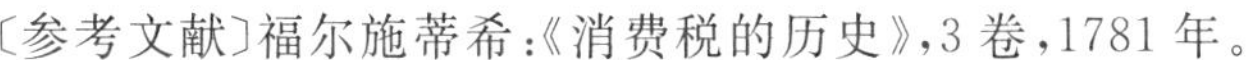

〔参考文献〕福尔施蒂希:《消费税的历史》,3 卷,1781 年。

三、国境关税

关税是从道路税和护送费中逐渐分离出来的。国内关税被废止,国境关税制度得到发展。柯尔贝的各种改革。保护关税与租税关税的区别(参阅第三十二节,保护制度)。

出口税的征收一般早于进口税。中世纪大多有这样一种意图,即想使国内的商品过剩。以后则是为了禁止出口,或是为了对外国人征税。后一想法,只有在国内现实的自然的垄断条件下才能实现它的目的,这种观念是很有害的。

转口税容易破坏有利的转口贸易,所以这种税不应高于因转口而增加税关人员的必要事务费用。

在文化高度发展的阶段，广泛实行进口税。通常它并不转嫁给外国。在实行保护关税的情况下，保护、禁止的目的愈能实现，财政的目的就愈难达到。根据这个理由，收入最多的是对殖民地产品和外国葡萄酒课征的关税，但在文化发展程度低的国家，却是对外国工厂产品课征的关税，这种关税具有完全消费税的性质。只是它不是由国内商业而是由外国商业来负担。通过设立关税可以对好几种对象分别作出规定。因此，组织完备的大国，乐于选择关税这样的税收。关税的范围越大，越不会出现偏向；国境的警备越好，收税额就越大。因此各国之间的关税同盟，无论从国家的以及国民经济的立场，还是从财政的立场来看，都是本质上的进步。

德意志关税同盟的成立。1818 年普鲁士的关税制度。南部德意志莱拜留斯等人的努力。普鲁士与黑森-达姆施塔特大公国的联合，巴埃伦与符腾堡的联合，1828 年。库尔赫森加入普鲁士关税同盟，1831 年。巴埃伦、符腾堡、撒克逊及图林根的参加，1833 年。巴登、拉索的加入，1835 年。布戎希发叶希的加入，1841 年。上述各国赞成与反对合并的主要理由。关税法规、关税税率、相互统制、关税会议。根据人口数分配纯收益的办法，其例外。在消费税制度有差别的情况下，促进其划一的课税工作。关税国境及其警备费用大大减少。同盟在德国工业繁荣中所起的作用，过去德国工业在各邦进行关税竞争的情况下，完全不可能得到发展。关税同盟对德国国民性的影响。关税制度的历史反映了德国的统一性与政权的历史。对德国舰队及德国移民制度的展望。

在奥地利参加的同时，还反对了许多特权。奥地利所处的文化阶段与关税同盟各国有本质上的不同,从消费的观点来看,尤其是这样。匈牙利的独立、精神上的孤立有必要通过国家机构来解决。但是否应该考虑减轻国境的警备费用,削弱对外的共同制度呢?

汉诺威南北二州与关税同盟处于不同的地位。对汉诺威工业说来,是坚决排除英国的产业更为有利呢?还是与德国产业进行自由竞争将招致更大的损失呢?间接租税的提高。汉诺威对殖民地产品的消费,是否比关税同盟国家更多呢?

麦克伦堡的整个财政制度,由于参加关税同盟而发生变化。现在的地方州议会的组织是有危险的。英国的谷物税法对这一问题的影响。

汉萨同盟城市的中介商业,一旦失去它的自由港性质,无疑会招致损失,但由于德国实行差别关税,它可以得到更好的补偿。它们目前的地位,在发生海战以至对抗外国商业压迫的情况下,都是十分不利的。汉萨城市所固有的使命是充当德意志商业的主要机关和先驱者。汉萨城市畏惧官吏的退缩思想。

〔参考文献〕林德奈尔:《关于普鲁士、巴伐利亚等商业同盟之间贸易的考察》,1829 年。莱拜留斯:《德国关税同盟》,1835 年。莱拜留斯在 1838 年《哥德季刊》上发表的文章。屈恩:《论德国关税同盟》,1836 年。劳:《论巴登加入关税同盟》(年报第 2 卷及第 3 卷)。赫夫肯:《形成中的德意志关税同盟》,1842 年。李斯特:《关税同盟杂志》,1843 年以后。参阅第三十二节四所列参考文献。

关税税率。从价税是不利的,因为指定价格的制度早被废除,官方的优先购买权制度,又只能部分地防止过低申报价格。按原包装计算重量的从量税,会使粗制品的税负重于精制品。但这很符合保护、禁止的目的，管理也极容易。低廉的税率表。

税关。关税的道路及其辅助道路。主要税关及分设税关。武装的税关人员。对海岸和河岸的警卫最为容易，对山地、森林地区或人口特别稠密的地区的警卫则最为困难。申报、改正、计算、遗漏和误算。身体抄查。国境地区及国内。在国内，对课税极高的商品必须加以管理。

减轻课税。对小额的越境交易、在大集市贸易中卖剩下来的商品，以及暂时出口并已付关税的商品，都要考虑减税。〔保留关税方面：〕货物存放处及仓库。在大商人非常可靠的情况下，这可使发货人免于预缴关税，并可避免不良的委托行为，给转口商业提供方便。仓库内货物的铅封及出口许可证。

自由港和自由区对那些经营能动商业而关税又很高的国家是无益的，但对更多经营受动商业的国家以及孤立的转口商业重要地区却是有利的。

退税。这很容易产生逃税的危险。

差别关税。它的目的是欢迎生产国或直接消费国的船舶进口，从而奖励国内航运。这些都可以用与保护关税一样的方法来判断。

〔参考文献〕乌尔门施泰因：《德国关税实证史》，1798 年。舍恩布罗特：《德意志联盟国家之间的工业、商业及关税关系总览》，1834 年。法斯克尔：《税关法规的分析提要》，1836 年。弗里德伦德尔：《论英国关税制度》。克诺林：《威尼斯自由港》，1838 年。

四、〔附〕印花税

有许多税利用印花税的形式来征收，如财产税、消费税、关税，以至手续费和邮税。印花税在16世纪就出现了。在瑞士和荷兰，在一般经济高度发达阶段，它具有很大的意义。

印花用纸。规定不同等级和不同种类的印花纸。法国的有大有小的印花纸。普鲁士的制度：送给官厅的文件和官厅的复文，不管范围如何，一律要贴固定的印花；对诉讼的判决结束时，要按目的物件的大小贴印花，这就是印花税收入。证明文件也要贴印花。印花税形式的罚款。法国的登录税制度（定额税和比例税）、巴登的营业税、瑞士的财产转让税。交易上的这种税，如税额超过手续费，对交易就有很大的妨碍。

〔参考文献〕伦敦诺：《登录税法》，1810年。

第三章　国家特别收入

〔参考文献〕莱拜留斯:《论公共信用》,(1820 年),第 1 卷,第 2 版,1826 年。

第五十二节　国库金制度及国家信用制度

一切国家特别收入是基于这样一种思想,即将一时没有收益的那些税负分摊于好几个年度或世代,以减轻人们的负担。现代的国民在什么时候有权利用它呢?在有支付必要时出卖领地是有危险的。

一、国库金

在低级的文化阶段是为了防备不时之需而预先积蓄;但在高级阶段则是先行借款而后偿还。在低级阶段,由于缺乏在交易所流转又不容易流动的资本,借款几乎是不可能的。国库金的贮存使很多资本处于非生产状态,因此利息愈高,愈是不利。战时的一切生产危机由于国库金制度而更加扩大。由于私用公款或遭受敌人掠夺,国库金很难确保。因此,在可以不设立的情况下设立国库金,应该受到谴责。

古代民族绝不能完全避免国库金制度这一阶段，东方也是这样。雅典和罗马、古代波斯和土耳其的国库金制度史。贵族政治的瑞士共和国，特别是伯尔尼市的国库金。为什么国库金对征服者是必要的呢？例如腓特烈大帝和拿破仑。

〔参考文献〕福斯特：《关于国库金的考察》，1641 年。克洛克：《论国库金》，1671 年。休谟：《论文集》（关于若干问题的论文集），1741 年，第 8 节。施特鲁恩泽：《国民经济研究》，第 1 卷。马迪的论文（劳氏所编杂志第 4 卷，第 1 期）。

二、国家信用的发展

最早的国家借款往往采取对寺院等赠送不动产的形式。在英国，最初只是国王的对人信用，是在有动产抵押或有力的政治家、团体等的共同保证的情况下实行的。在查理二世（1377 年）时代开始产生发行公债的想法。强迫借款多半是古代的事情，“权利请愿”①（1628 年查理一世年代）以来，完全被禁止。质权的设定，使它的私权性质愈益消失。16 世纪詹姆士一世（1602 年）以后，盛行领地抵押。以某一种租税作抵押，质权者往往对这种租税实行直接管理。起初，所有的借款契约都规定一定的期限，或根据双方的通知解除。在这种情况下，如果国家不能支付，自然要多次发出预告。改为永久年金是从英国威廉三世（1688 年）时代开始的，其后有定期年金、终生年金等等，与企图保持特权的特权团体也发生了

① “权利请愿”（Petition of Rights）：查理一世为了征收新税，被迫召开国会，新国会在约翰·义律、约翰·皮姆等人的领导下，向国王提出“权利请愿书”，要求：1. 未经国会同意，不得强行向人民募债或征税；2. 非依据国家法律或法庭判决，不得逮捕任何人或剥夺其财产；3. 不得根据戒严令任意逮捕公民；4. 不得强占民房驻兵。——译者

借款关系。法国更早。

热那亚的乔治银行(15世纪前半叶)、16、17世纪教皇的国债、荷兰的国债、威廉三世以后的英国国债简史。想在欧洲有所作为的国家,都必须以高额的租税和公债来购买这一荣誉。欧洲国债的统计。

〔参考文献〕兰克:《罗马教皇》,3卷,1831年。汉弥尔登:《大英帝国国债的发生和发展的研究》,1813年。柯恩:《法国、俄罗斯等国的财政收入等概况,兼论公债的起源、发展及现状》,1832年。赖韦:《法国的信用状况》。费勒:《国家纸币年鉴》,第3版,1843年。

三、国家信用的条件和作用

国家完成各种任务的能力,不仅有赖于国民的财富,而且依存于国民倾注全力支持国家的习惯,尤其是依存于财政组织的好坏。国家机构与国民教养的诚实性是必要的。因此在不发达国家以及已经老朽的国家中信用是最坏的。不能只从利息低廉和借款容易这些情况来推论信用的好坏。人们不可能对国家进行裁判,国家借入款项又多数用于非生产目的,从这些方面看,国家信用不及私人信用。但公债便于在商业上流通,从这一点看国家信用又比私人信用好。

国内借款在任何情况下都要动用国民的资本,因此,如果用于非生产方面,就会引起破坏。可以买卖的公债证券,不过是人为地增加的国家收入的一种凭证。虽然公债证券以后得到偿还,利息也支付了,但这种情况并不能使国民总资本发生任何变化,不过是一定的金额由纳税义务者的口袋转入国家债权者的口袋而已。在这种转移过程中,官吏等等花费的费用,形成现实的损失。梅隆、伏尔泰、宾托、奥邦以及萨哈里埃等人的错误。

因此,国家向国内举债,这在文化高度发展阶段虽然经常发生,但是借入资本一旦收缴完毕,国民的绝对负担就不再存在。如果利息负担数额最后达到最初的国民收入总额,则该国的财力仍和过去一样,只是全部金额落入国家债权者手中而已。当然,在现实生活中,任何一种租税制度的不完备总有一定限度,租税越增加,压力也越加强。同时,这种限度也存在于人们的这种感情当中,即人们只愿意在某种程度上从自己的所有中拿出一部分。外债的情况。国家破产的例子。国家的破产既不使国民贫困,也不使他们富裕。它除改变国民收入的分配,同时引起严重的生产危机外,还必然要长期损害国家信用,从而损害国家政权的主要手段。平时不打算切实偿还债务的国家,最后必然要破产。必须警惕隐瞒国家破产状况的欺骗行为。

公债比摧残国民资本的重税要好一些。它有这样一些有利之点:(1)公债根据人们的自由意志从最容易抽取的地方取得资本;(2)公债将债权人与国家政权的利害结合在一起。公债证券的市价是公信用的一种晴雨计。在平衡贸易差额等方面可以利用公债证券的买卖。但它有各种弊害:(1)将公债与所有一切有价证券密切联结在一起,它会促进世界主义的思想,但并不会因此而减少任何战争。(2)扩大幸福财富的不平等,对价值变动显著的所有要扩大其影响。激化流通手段的价格变动所引起的各种危机,增大怠惰的食利者的人数和地位,这些情况显著增加了金权寡头政治的势力和危险。(3)公家为了眼前利益而牺牲将来的诱惑力很大。

〔参考文献〕宾托:《论流通与信用》,1771 年。柯拜特:《纸币对黄金,或英格兰银行的历史及秘密》,1821 年。威埃茨:《论公信用的魔术》,2 卷,1824 年。赖昂:《论公信用及公债》,1825 年。格纳:《论公债及其偿还准备》,1825 年。萨哈里埃:《论当前欧洲各国的公债制度》,1830 年。拜尔诺叶:《是什么支持国债?》,1832 年。鲍姆施塔克:《关于国家信用、公债及国家纸币的国家学的研究》,1833 年。

第五十三节 公债的管理

一、借款的交涉

最普通的动机——战争灾难,整顿财政,滥发纸币后,恢复金属流通,解除高利债务,生产企业。(一)对社团或个人实行强迫借款。一般的强迫借款。延期支付,预支收入。总起来说,这些多属于旧的方式。反对它的各种理由。(二)国家官吏的保证金。发行纸币及降低铸币成色。这些债务具有内在的不利和危险。作为借款形式的纸币发行只能在危急的情况下实行。(三)自由借款。进行这种借款的适当时期。分期支付的办法。承受人之间的竞争,这种竞争是在资本额大小及借款条件方面展开的。(四)公开招募借款,在这种场合国家直接与每个债权者进行交涉。

为了劝诱一般大众而设立的一些附带项目:终生年金、唐迪恩式年金(意大利人唐迪恩发起的一种年金——译者)、附有奖券的借款。这些办法大多是不经济的,但最后一种方法属于例外。因为它只利用中间利息支付奖金。附有奖券的借款办法。借贷业务及奖券业务。记载高额的额面资本,实际利息愈脱离额面利息,债权者获利就愈大。这对国家的确是便利的，但这只有在暗中拒绝偿还的情况下才是有利的。

债权证券分按抬头取款的与凭票取款的两种。登记。

二、支付利息

由民间著名人士或由别国的主权担保和保证的办法一概废止了。由州议会严格监督的独立的债务管理成为良好的保证方法。支付利息的条件、息票、息票附加支付证、利用总金库及分金库的支付。

降低利息。这是因为平时利息一般是下降的。这也是减轻国家债务负担的主要手段。降低利息对一般利率的各种影响。这一做法的适当时期。为什么这样做容易使公债集中到少数人手中？勃拉埃斯提出异议，他认为降低利息会成为偿还的障碍。教皇领地、荷兰、英国的减低利息。关于这种做法的合法性的论争。

〔参考文献〕巴尔拉尔德：《关于降低公债利息建议的商榷》，1749年。拉菲特：《关于降低利息的若干考察》，1824年。莱拜留斯：《论降低利息问题》，1838年。

三、公债证券的买卖

它促进游资的临时投放，因而对国民经济是有利的。由于近代的国家借款，承认债权者单方面在事先不通知的解除，所以证券的买卖是必要的。证券市场的价格，不仅依存于国家信用，而且依存于利率、贴现率和外汇市价等。战争和革命所发生的各种影响。

投机交易——爬进与抛出。现货交易与期货交易。后者还分为单纯交易与差额交易以及有无补贴。交易所投机者迅速获得各种消息的方法。对市场的直接影响。大银行对这种交易的影响极为显著。在有信用的小国这种交易最少。过去的郁金香交易(荷兰,约在17世纪三十年战争时代)和股票买卖的差额交易。股票的投机买卖。对一般公众有害的这种赌博,为什么最初不能加以制止?

〔参考文献〕本德尔:《论国内外公债证券的买卖》,1830年。特尔:《论公债证券的买卖》,1831年。

四、公债的偿还

通过相互通知解除债权债务关系,以及在一般情况下预定偿还期限,都是不利的。领地的出售及国家特别收入被用来偿还公债。普赖斯关于偿还基金的意见:当初为基金而设定的财产,必将因被解除的债务的利息及其复利的影响而得到累进的增加。这一方法的实行是从荷兰开始的。英国是在瓦尔包尔(Walpole)时代提出后由庇特实行的。偿还计划规定的期限愈长,初期的努力可以愈少。问题只是偿还基金的期限如果过长,根据同一方针来管理就有很大的困难。尤其是在爆发战争的场合。还有,巨额的偿还基金对国民收入的分配极不利。如果用发行新公债的办法来继续偿还,一般将形成用高于卖价的价格收回债权证券。在革命时代英国曾因此受到很大损失。法国及奥地利的偿还基金的历史。偿还基金有不利之处:可以用其他方法例如与年金制度相联系——不断减少负担。

通过交易所买进或以秘密支付来偿还的办法。如能合理利用投在这一方面的数目，可以防止并缓和许多货币危机。利用抽签方法的偿还通知。对利率不同的国家债务，根据什么条件来决定还本的次序呢？在某种场合分期连续偿还是否不合适呢？

赫奇逊(Hutcheson)、李嘉图等人建议利用对私人财产的临时课税来偿还公债。但反对者认为：这在分配标准合理的情况下是不可能的。在这种情况下实行上述分配方法，必然会产生比普通租税更坏的作用。而且，在能够实行这种标准的地方，反而容易保有巨额的偿还基金。因此，不能期待这种方法会带来什么真正的利益。

〔参考文献〕鸠维尼：《关于更好的公债制度和偿还方法的基本原理及其理由的叙述》，1833年。加斯帕伦及卢包尔：《论偿还》，1834年。

五、临时债务

这是从收入的短期换支中产生的，与其向纳税人征收，不如向资本家征收——当然要带有利息。英国的财政部证券。法国的皇室证券。但必须警惕不能因此而使真正的损失后果被隐蔽。临时债务的统计。

第四章　国家支出

第五十四节　支出预算

介于吝啬与浪费之间的节约的原理（参阅第十六节五）。这一概念是相对的。总的说来，在任何情况下应尽可能由私人企业承包。申请、投标。其不可能的场合。

经常的国家支出、临时的国家支出。地方州议会对不同的支出采取不同的议决方式。准备金。

一、一般的国家支出

(a) 宫廷费。起初由领地收入担负皇室的一切费用以及国家的一切开支。不久由于帝国的首都逐渐固定在一个地方，由领地供应的自然经济性质的消费逐渐消灭。在绝对君主政治阶段，领地金库与租税金库的区别已不存在——君主对二者都是不受限制的。在各主要城市附近的小型官邸作为单纯的离宫保留下来。

立宪国家中的皇室经费制度——或者在宪法中作永久性的规定（在国有地中划出国王的财产），或者对每一代君主作出终生的规定，或者列入每次预算。最后一种办法，不仅有损国王的尊严，而且违反一切良好家计的根本条件。皇室的经费有这样一种特点，如果它由君主的根据地承担，它的可靠性与独立性就大。总之，国君对人民说来是处于不可侵犯的地位，并且必须对慈善事业、艺术保护等采取不那么受限制的行动。路易十四、腓特烈大帝的宫廷国家。英国皇室费的历史。欧洲各主要国家宫廷费在总预算中所占的百分比。在奥地利以及一般由富裕贵族升任国君的国家中，有威严的皇室费用较少。

皇族费是与嫡子权有关联的。过去一般是赐予门第。皇族费金额的规定或根据血统的亲疏，或根据人数的多少。在第一种情况下必须规定个人收入的最低限度，在第二种情况下则必须规定总金额的最高限度。皇族的妃子的补助金。皇女的出嫁资金。

〔参考文献〕赫夫勒：《英国皇室费的历史》，1834 年。比申编：《汉斯·冯·施万尼兴的生平》，3 卷。凯斯勒的各种旅行记。马罗蒂：《宫廷大臣》，1842 年。

（b）国家一般支出。在受到限制的君主政治下，州议会的支出——它所任命的官员的俸禄、印刷费、议会会场维持费等、议员的补助及旅费。为什么保守党总是反对支付议员补助费，而进步党则表示赞成呢？共和国的最高统治机关，完全不给或只给少数薪俸，这是贵族政治的特征。

最高中央官厅的支出——内阁、大臣、顾问官。一般还要加上国家的文库、官房等。

二、特殊的国家支出

（甲）各部经费。国家对外防务费用用于外交交涉和战争目的。外交使节、大使、全权大使、大使馆、参事、领事。一般外交官的薪俸特别高。外交使节的派遣费用也很大。对萨伊认为这种消费无用的见解的反驳。各主要国家外交预算的统计。

军费。威武的军备是确保和平的最好手段。募兵、采邑军、雇佣兵、征兵。现代的陆军军费，在兵员人数以及军队费用方面都有巨额增加。军事预算的相对大小依存于国家的地位、位置以及与外国接触地点的多少。百分比统计表。兵饷、补助、食粮、粮秣、被服、兵营、卫戍医院、兵器、要塞、马匹补充。陆军学校。退役。演习。地方军备及近卫军备费用。奥地利的军备区域、俄罗斯的军事殖民、瑞典、普鲁士、法国、英国的制度。动员及参军数。近代的战费。

海军——战斗舰、巡洋舰、小型运输舰、蒸汽船等的建造及维持费。海军工厂。海战。殖民地统治的保卫。

司法费和警察费，目的在于确保国内治安。前者包括司法部的各种费用(一般也包括本来意义的法制局的费用)。各级法院、拘留所、监狱等的费用。简化诉讼手续和增加仲裁机关所导致的节约。的确，最近的刑罚制度，特别在最初的设备方面，需要花费莫大的费用，但它产生的效果也极大，它可以充分利用监牢犯人的劳动。使司法从警察中独立出来，需要很多费用。官僚制度与属僚制度比较，总的说来花费不大。宪兵及强迫劳动工厂的各种费用。

物质福利是各种国民经济保护措施的目的。要有这方面的专门的中央机关。这方面的支出有奖励金、各地的种马站等，以及所有陆路、水路的建设费用。卫生设备。

精神文化福利是国民教育和教会制度各种措施的目的。小学校的费用大部分是由公共团体的资金支付。各国校长薪金的最低限度、教室的桌子及其他。教师的讲课。高等补习小学。高等学校及其预科。专门学校。德国主要大学的预算。学士会。编纂书刊。对教会费用，应区分原来属于捐赠性质的财产的旧制度与由国家资金支付的新制度。

关于上述各种支出的财政制度。

（乙）地方经费。由州议会议决通过州预算。各州愈是由于地位和利害关系而分裂，州议会的议决就愈有必要。在低级文化阶段，州预算十分重要。现在由于中央集权化的程度过高，它在许多方面又在倒退。总的说来，州预算使财政更加混乱，但它在本质上却带来每项具体开支的节约，并使负担和利益获得真正调剂。地方经费分委托的与自由的两种：前者是由国家规定它的目的与范围，只将各项具体支出委托各州经营，由国库给以补贴；后者是国家只规定它的最低限额和最高限额。法国、比利时及巴伐利亚的方法。

〔参考文献〕《巴伐利亚众议院议事录》，1828 年，第 1、5、12、14 卷。

三、薪俸与年金

私权国家中官吏的地位与现代社会性质的国家中官吏的地位的区别。私权国家的官吏包括组合团体等等当中的许多官员，而且尽管他们是国家的官吏，仍带有主要是领地官员的性质。

官员制度的历史可以分为三个时期。（1）采邑的官吏。他们的薪俸完全用土地支付。他们兼有文武两方面的权力，通常是世袭的，虽然不掌握地方大权，但却参加帝国议会。(2)属于诸侯的官员。起初是附有解职条件的，后来他们逐渐演变成为包办式的官吏。他们的薪傣一半用土地支付。他们兼有行政管理权和法律保护权。起初是为生活而就职，后来发了财官职就像阶级身份一样世袭了。因此，他们可以对上级进行一种合法的抵抗，当地方州议会的权力衰退的时候，这种职权成了保护自由的重要手段。(3)国家官吏。他们的薪俸完全用货币支付。有极细的分工，实行极严格的官僚阶级政治。通过自由竞争对一切贵族开放。

实物薪给(官舍)、手续费薪给及货币薪给。各国薪给的高低。对过少的薪给以及过多的津贴，都需加警惕。例如俄罗斯和英国。

现在只有通过判决和法律才能罢免法官，而对其他官员的罢免，除最高级官员和最下级官员外，常常最多只根据顾问官的意见。任命下级官员的新旧制度。

在非因过失而被解除职务的情况下，那些继续依靠年金维持生活的官吏，他们的“生活水平”分为多种。按身份地位支给和按工作职务支给。避免任意决定问题，根据工作年限规定年金的比率。比利时及法国的私人设立的年金积存组合。

对寡妇的年金和对孤儿的年金，应看做官吏薪金的一部分。大多被看做一种恩赐。现在对官吏的寡妇抚恤金库，以法律形式作出了规定。除官吏自己募捐外，国家的补助是必要的。三个月的抚恤金、三个月的年金等。

〔参考文献〕雷贝格：《论德国国家行政》，1807 年。格纳：《从法律和国民经济的观点考察国家勤务》，1808 年。黑夫特尔：《论德意志国家法及帝王法》,第 1 卷。格布哈德:《寡妇及孤儿的年金基金》,3 卷,1832 年。

第五十五节　〔附〕财政组织、会计制度、金库制度

一、财政官厅的组织

这应完全按照劳动分工和协作原则来处理,因而在低级文化阶段和小国,不应在这方面花费很多人力。

官厅分为地方的、管辖区的、州的和中央的几级。前二者多半处理实际事务;后二者多半担任决策工作。因此,在后者官僚性质占主要地位,前者则僚属性质占主要地位。但即使在这种情况下,那些纯粹技术性的事务也有用官僚态度来处理的。

在州的机关中有财政局。在中央最高机关中,国家财政的各个部门交由财政部内的局、课管理,也可以保持原来的一般管理办法。前者是有效率的、迅速的,但后者却是基本的。国库管理、公债的管理、会计检查院、主计局等一般都保持各自的独立性。应该避免最高机关极端分散。任何时候都应力求司法官、技术官及财务官之间的适当平衡。

官厅的各项预算与总预算的编制,当然应当自下而上地进行。这与财政法规及各业务部门的信用有关。不要使业务部门不适当地特殊化。

〔参考文献〕雅可布:《国家财政学》,第 3 卷。劳:《财政学原理》,第 4

卷。马尔库斯:《财政学》,第2卷,第1、166页。

二、财政会计制度

财产目录及收支对照表。货币计算及实物计算。国家会计的良好形式在于:简单而易于理解的顺序、叙述的统一性、表现的精确以至优美清楚的字体等。一览无余,效用很大。号码栏、科目栏、数字栏。数字栏又分预算借贷、计算借贷、余额等细目。

会计年度的开始。日记账及总账——前者按日期顺序,后者是按体系整理的。总账制度应采用意大利式的复式簿记。决算是总账的摘要。与每一个人的支付关系要记入辅助账。计算凭证。转账余额应如何转入下期?临时的收入、支出。

会计检查应按计算和法律两种观点进行——警告、监督、处分。会计检查院应从财政部中独立出来。国家的主要会计由国家主计局负责。

三、金库制度

它与主要国库并立。各省常常设有有关军事和公债管理的中央金库。其下设有州金库及管辖区金库,后者往往又按收入部门的类别再行细分。对州金库的支付凭证。

大金库除要有固定的出纳部门外,还要有管日记账的管账人员和总账的检查人员。官吏缴纳的保证金。会计资金的预拨。临时支出要有特别凭证。定期的和临时的金库检查。

《参考文献》埃申迈尔:《国家会计制度的系统的编制指南》,2卷,1807年。费德尔:《国家会计制度及金库制度手册》,1820年。克莱因丁斯特:《论国家会计制度》,1823 年。格拉夫:《普鲁士州的预算、金库及会计制度》,1813 年。奈格鲍尔:《法国财政管理下的金库及会计制度》(1826 年,第 2 版)。

第四编

经济学说史

（主要列举文献）

国民经济学的著作，有叙事部分与命令部分的区别。前者只问事情真伪，后者只根据周围的情况进行判断。国民的意愿和他们对权利的要求，终归要经常予以满足。因此，随着时代的各种要求和权利观念的变化，有关国家的所谓有效、合法等概念只是多样的相对的东西。但如我们对所谓国民的繁荣期作出正确的规定，那么在我们的判断上就找到了一个支点。就是说，凡属这个时期以前的一切制度，我们都认为还是不完备的东西；对这个时期以后的一切制度，则认为已是走下坡路的东西。

为什么政治的、经济的理论，在古代各国也好，在现代各国也好，总是在它们进入经济高度发展阶段以后才能形成体系呢？[①]

〔参考文献〕劳：《政治学史纲要》。麦克库洛赫：《论政治经济学的发生、发展、它的特殊对象及重要性》，1825 年。布朗基：《从古代到近代的欧洲政治经济学史，以及其主要著作的理论书目》，2 卷，1837 年。施泰因莱因：《国民经济学参考书》，1831 年，第 1 卷，第 1—218 页中的大量书目。

第五十六节　古代

修昔底德、埃内基夏斯、苏格拉底和柏拉图对国民经济学的见解。

色诺芬的著作：《苏格拉底的回忆》（4 卷）、《基罗斯的训育

---

① 罗雪尔在《德国经济学说史》序论中指出："精神的历史对系统地考察这些事情是必要的，这种历史过程，国家和个人都一样，在生命的后期才发达。"——日译者

论》、《经济论》、《骑士论》、《狩猎论》、*Hiero* 、《雅典人的国家》、《斯巴达人的国家》、《租税论》。

亚里士多德的著作:《政治论》、《经济论》、《尼可马可伦理学》。亚里士多德追随者的统计学著作。波立比俄斯:《历史家》。

罗马的农业著作家——加图、瓦罗、维吉尔、科卢梅拉等。农耕岁事记。西塞罗、勃尼留斯及法学家对国民经济学的见解。

此外有赫尔曼:《论罗马人关于一般经济及国民经济的各种意见》,1823 年。卡尔孔:《关于古代各种著作中特别是西塞罗著作中若干经济学的意见和立场》(载《泰克斯关于法学及立法论文集》),6 卷,1832 年。

近　　代

一般文献。加尼尔:《政治经济学诸体系》,2 卷,1809 年。缪勒:《意大利政治经济学古典学派的编年史的叙述》,1820 年。克斯图迪:《意大利经济学名著集》(1803—1816 年)。派茨开奥:《意大利政治经济学说史》,1829 年。

第五十七节　重商主义

一、意大利人

马奇威里对国家及国民经济学的各种见解。最古的意大利商业著作家(斯卡鲁菲等)。

舍拉:《略论无矿国家使金银丰富的各种原因》,1613 年。贝洛尼:《论商业》,1750 年。最适当的重商主义者——布罗几亚:《租税论》,1743 年。吉诺韦西:《关于商业或市民经济的讲义》,2 卷,1769 年。(以上各书均收录在克斯图迪全集中。)

二、法国人

波丹:《关于国家的六封书简》,1576 年(? —1577 年)。梅隆:《关于商业的政论》,1735 年(? —1734 年)。

还有关于柯尔贝的各种著作——《柯尔贝的政治论遗书》,1694 年。《柯尔贝传》,1695 年。尼克尔:《柯尔贝颂词》,1773 年。

三、英国人

孟:《英国得自对外贸易的财富》,1664 年。蔡尔德:《贸易新论》,1668 年。戴韦南特(1712 年殁):《政治及商业论丛——关于英国的贸易、收入、殖民地贸易、东印度及非洲贸易》,5 卷,1771 年。金编:《英国商人》,1743 年。斯图亚特:《政治经济学原理研究》,2 卷,1767 年。莫蒂默:《商业金融绪论》,1773 年。

四、德国人

路德关于国民经济学的见解。参阅第 59 页(原书页码——译注),《关于禁止高利贷》及《关于结婚生活的教训》。克洛基乌斯:《国库论》,1671 年;《租税论》,1634 年。霍内克:《只要决心,君临一切之上的奥地利》,1654 年。泽肯多尔夫:《德意志大公国》,3 卷,1656 年。贝歇尔:《关于都市、地方及国家盛衰的固有原因的政治论》,1672 年。施罗德:《大公国金库与年金财政》,1686 年。尤斯蒂:《国家经济学,关于一国统治所要求的经济及官房等科学的系统论述》,2 卷,1755 年。毕尔菲尔德:《政治的各种制度》,2 卷,1760 年。宗南费尔斯:《警察、商业、财政学原理》,3 卷,1765 年。比施:《货币流通论》,2 卷,1780 年。《铸币及银行制度》,1801 年。《汉堡商业史》,1797 年。

第五十八节　重商主义的反动

一、反对派的先驱者

威廉·配第:《爱尔兰的政治解剖》,1672 年,《货币略论》,1682 年;《赋税论》,1667 年。诺思:《贸易论》,1691 年。洛克:《政府论二则》,1690 年:《论降低利息和提高货币价值的后果》,1691 年,《再论提高货币价值》,1695 年。约翰·劳:《货币及贸易的考察》,1705 年(法文版全集,巴黎,1790 年)。范德林特(荷兰人):《货币回答一切》,1734 年。德克尔:《论对外贸易衰退的原因》,1744 年。休谟:《道德及政治论》,1742 年;《政治论》,1752 年。孟德斯鸠:《论法的精神》,1749 年。哈里斯:《论货币及铸币》,1757 年及 1758 年。圣·比埃尔:《定率人丁税的提案》,1717 年,《关于乞丐及补助他们的方法的备忘录》,1724 年。

二、重农学派

傍迪尼:《论西爱拉的沼泽地》,1755 年。

魁奈:《经济表及其说明》,1858 年(名义上是苏里的《王国经济》的摘录);《农业国经济统治的一般准则》,1758 年;《重农主义、人类最有利的政府的自然结构》,2 卷;1768 年杜邦编魁奈论文集。

老米拉波:《人类之友》(亦名人口论),3 卷,1756 年;《徭役论》,1760 年;《租税论》,1760 年;《农业哲学》,1763 年;《科学,或人类的权利义务》,1774 年。米拉波全集,1761 年(?),8 卷。

卢梭:《论政治经济学》,1765 年。麦西尔:《论政治社会的自然的本质的秩序》,1767 年。杜尔哥:《关于财富的性质和起源的研究》,1774 年;《关于财富的形成和分配的考察》,1784 年。《法兰西人民之友》,1776 年。杜邦编:《杜尔哥全集》,8 卷,1808 年。康狄亚克:《商业与政府及其相互关系的考察》,1776 年。赫伯特:《谷物政策论》,1755 年。孔德罗赛:《谷物商业论》,1775 年。

卡尔·弗里德里希〔巴登伯爵〕:《政治经济学原理概论》,1772 年。施莱特魏因及伊泽林(瑞士人)的著作。特别是后者编辑的杂志《人类的历书》,1776 年。莫维容:《重农主义者的书简》,1780 年。施蒂林:《财政学教科书》,1789 年。《国民经济学的基础,领导者的基本参考书》,1792 年。克鲁格:《关于普鲁士国民财富的若干考察》,2 卷,1805 年。施马尔兹:《官房学百科全书》(第 2 版),1819 年;《国民经济学,致一位德国贵族的信》,2 卷,1818 年。

包莱狄:《关于农业的意见的要点》,1769 年;《真正带给社会幸福的方法》,1772 年。菲朗基埃内:《立法论》,2 卷,1780 年。维尔:《重农主义者的研究,它的历史、文献、内容和价值》,1782 年。

三、对重农学派的批判——向亚当·斯密的过渡

伏尔邦内:《商业绪论》,2 卷,1754 年;《经济原理及若干考察》,1767 年。古尔奈:《论有利于农业的立法精神》,2 卷,1766 年。玛布勒:《对经济哲学家提出的疑问》,1768 年。尼克尔:《谷物法及谷物贸易》,1775 年;《法国财政论》,1785 年;《对国王的计算报告》,1781 年;《关于尼克尔先生的管理》,1791 年。尼克尔全集,15 卷,1820 年。宾托:《流通与信用》,1771 年。费尔格松:《文明社会论》,1767 年。

杨格:《政治算术》,1777 年;《法国、西班牙旅行记》,1792 年。施罗塞尔:《塞诺克拉底,或论课税,致哥德》,1785 年。多姆:《论重商学派的体系》,1778 年(德国博物馆刊)。赫茨贝格:《论国家的真正的财富、商业与权力的均衡》,1786 年。赫伦施万德:《论现代政治经济——关于人口的基本理论》,1786 年;《论人类的政治经济与道德》,2 卷,1796 年。

四、意大利人

加里安尼:《货币论》,1750 年;《谷物贸易问答》,1770 年。帕里尼:《物品的正确价值》,1751 年;《佛罗伦萨的什一税》。加尔尼:《论谷物的自由贸易》,1771 年;《试论各国的贸易差额》,1767 年;《意大利各种金属货币的价值及比率》,1804 年。维内:《政治经济学考察》,1804 年。发斯科:《关于土地耕作的一般幸福的考察》,1767 年;《货币论》,1775 年;《自由利息》,1782 年;《关于乞丐产生的原因及其禁止方法的备忘录》,1788 年。里西:《摩德纳城

的慈善制度的改革》,1787 年。曼歌第:《柯尔贝主义》,1791 年。乔雅:《经济学的新展望》,8 卷,1815 年(—1817 年)。

第五十九节　亚当·斯密,他的学派及其追随者

一、亚当·斯密

亚当·斯密:《关于国民财富的性质和原因的研究》(即《国富论》),2 卷,1776 年。以后有普莱费尔版(3 卷,1805 年),布坎南版(4 卷,1815 年)以及麦克库洛赫版(4 卷,1828 年)等重要版本。德文译者加尔韦,4 卷,1793 年。罗希的法文译本。康特洛塞的附录第 1 卷(3 卷,1790 年)。加尼埃尔的法译本(5 卷,1802 年)。斯图亚特:《亚当·斯密全集,附照片、传记及笔迹》(5 卷,1811—1812 年)。

还有关于亚当·斯密著述辑要、编辑者和注解者乔伊斯:《亚当·斯密〈国富论〉详解》,1797 年。扎托里乌斯:《国家经济的参考书》,1796 年;《论文集,关于国富及国民经济的要素》,1806 年;《论国富及国民经济的要素》,1806 年。吕德尔:《国家工业及国民经济》(3 卷,1800 年)。克劳斯:《国民经济》(奥尔斯瓦尔特编,5 卷,1808 年);《国民经济的对象论》(2 卷,1808 年)。

二、近代英国人

马尔萨斯:《人口原理》,2 卷,1806 年(德译者为黑格维施,1807 年)(批判此书的著作有葛德文著《人口论》,1818 年);《地租

的性质和发展》,1815 年;《论谷物法的影响》,1813 年;《政治经济学原理》,1820 年;《政治经济学的定义》,1827 年。

韦斯特:《论土地的投资》,1815 年。

李嘉图:《黄金的高价是银行纸币贬值的明证》,1809 年;《答博赞克特先生对金价委员会报告的实际观感》,1811 年;《论谷物的低价对资本利润的影响》,1815 年;《一个既经济又安全的通货的建议,附对英格兰银行的若干考察》,1816 年;《政治经济学及赋税原理》,1817 年(有鲍姆施塔克的德文译本及解说,2 卷,1837 年)。

查默斯:《大英帝国国内经济的历史观》,1812 年。詹姆斯·穆勒:《政治经济学纲要》,1821 年。托马斯·史密斯:《试论政治经济学第一原理的若干定义》,1821 年。麦克库洛赫:《政治经济学原理》,1835 年。惠特利:《政治经济学绪论》,1831 年。斯克罗勃:《政治经济学原理》,1833 年。西尼尔:《政治经济学大纲》,1836 年。马蒂诺:《政治经济学例解》,25 卷,1832 年。美国人库珀:《政治经济学讲义》,1826 年。

三、法国人

卡纳尔:《政治经济学原理》,1801 年。萨伊:《政治经济学》,2 卷,1805 年;《政治经济学问答》,1815 年;《关于政治经济的几个问题致马尔萨斯书信集》;《贸易停滞的原因》,1821 年(有劳氏的德译本及解说);《实用政治经济学泛论》,1828 年;《政治经济学杂记及书信》,1833 年(孔特版)。(上述两部著作有莫施塔特的德文译本,3 卷,1830 年。)加尼尔:《政治经济学理论,以法英统计的结果及各有名的国民关于财富的经验和理性的光辉为基础》,2卷,1815年(参阅第四编第五十六节近代部分所列加尼尔著作)。孔德道特内夫:《政治经济学概论》,1817年。费克斯主编的杂志:《政治经济学月刊》,1834年以后。费利克斯:《法律政治经济学内外评论》,1834年。

还有西班牙人埃斯特拉太的《政治经济学精义》,3卷,1833年(有加利伯特的德文译本)。

四、德国人

雅可布:《国民经济或国民经济学原理》,1805年;《国家财政学》,2卷,1821年。

佐登:《国民经济学》,4卷,1805年。施勒策尔:《国家经济绪论》,1805年。胡弗兰德:《国民经济学的新原理》,2卷,1807年。洛茨:《国民经济学基本概念的考察》,4卷,1811年;《国家经济学参考书》,3卷,1821年。韦贝尔:《政治经济学教科书》,2卷,1813年。施托尔希:《政治经济学讲义,或决定国家繁荣的原理的阐明》,6卷,1815年(有劳氏的德译本及解说,3卷,1819年);《国民收入的性质》,1825年。布夸叶:《国民经济理论》,1815年。艾泽伦:《国民经济原理》,1818年;《国民经济学》,1843年。康克伦:《世界财富、国民财富及国家经济学》,1821年。佐伊特尔:《国民经济》,3卷,1823年。珀利茨:《现代的国家科学》,2卷,1823年。珀利茨主编的杂志:《历史及国家学年报》(由比劳氏继续出版)。劳:《政治经济学教科书》:第1卷,《国民经济学原理》,第2卷,《国民经济福利原理》,第3卷,《财政学原理》,1826年;《国民经济管

见》,1821年;《国家的自然生活》,1831年;《奢侈论》,1817年;《什一税的废除》,1831年;《行会制度及其废除的后果》,1816年。劳氏主编的杂志《政治经济学杂志》,1835年以后。赫尔曼:《国民经济学研究》,1832年。罗泰克:《经济政策》,1835年。舍恩:《财政原理》,1832年;《国民经济学及国民经济自然秩序的研究》,1835年。霍夫曼:《铸币制度》,1832年;《普鲁士租税论》,1840年。莱拜留斯:《德国关税同盟》,1835年;《论公信用》,1820年。比劳:《国民经济学参考书》,1835年。普里特维茨:《致富术》,1840年。

第六十节　对亚当·斯密的反动

一、同时代的反对者

保纳尔:《致亚当·斯密的一封信》,1776年。克罗富尔德:《平衡的原理,或货币的性质、价值及权力的阐明》,1794年。格雷:《国家财富的本质的原理》,1797年。劳德尔达尔:《关于社会财富的性质、起源及其增值原因的研究》,1804年。

二、社会主义者

稳健的社会主义者,主要指摘高度发达的文化的黑暗方面的著作——西斯蒙第:《论商业财富》,2卷,1803年;《政治经济学新原理》,2卷,1827年;《政治经济学研究》。德洛茨:《政治经济学》,1829年。巴尔吉孟:《基督教政治经济学》,3卷,1834年。谢瓦利埃:《政治经济学讲义》;《工业政策论》,1843年;《北美洲论》,1836

年。

激进的社会主义者的著作——圣西门:《欧洲社会的改造——在各国民性的传统下将欧洲各国结合成为统一的政治团体之必要和方法》,1814 年;《产业论》,4 卷,1817 年;《组织者》,1819 年;《工业体系》,3 卷,1821 年;《工业问答》,1822 年;《新基督教义》,1825 年。(圣西门死后有《生产者》、《组织者》及《全球》等杂志。)

巴札尔:《圣西门学说释义》,1828 年。

安凡丹:《政治经济学》。

傅立叶:《四种运动的理论》,1808 年;《论国内农业的组合》,2 卷,1822 年;《新产业世界》,1829 年。孔西得朗:《社会的命运》,2 卷,1836 年。

蒲鲁东:《什么是财产?》。

欧文:《新社会观》,1821 年。

马克拉勃:《欧文先生的新社会观及新拉纳克的设计》,1821 年(拉德巴尔译)。

雷保:《现代的改革者或近代社会主义者圣西门、傅立叶、欧文的研究》,1842 年。施泰因:《当前法国的社会主义及共产主义》,1842 年。

三、政策派

同情中世纪制度、主张复古的著作——奥尔德斯:《有关国民经济的一般流行的错误。僧侣之间在财产所有的制度问题上的现代论争的考察》,1771 年;《论国民经济》,1774 年;《世袭财产论。关于家族、教会及慈善院》,1784 年;《关于社会幸福的有益、有趣的科学评论》,1785 年;《关于国民经济中的一国人口问题的考察》,1790 年。

缪勒:《论国家政策的要素》,3 卷,1809 年;《货币新论》,1816 年;《工业政策,同农业的关系》,1824 年。

根据国民性或工业教育的要求同情重商主义的著作——汉弥尔登:《向美国议院提出的报告书》,1791 年。费希特:《封锁的商业国家,一个哲学上的构想》,1800 年。李斯特:《经济学的国民体系》,1841 年;《德意志关税同盟报告》,1843 年。弗兰茨尔,《关税、商业自由、通商自由》,1834 年。夏曼:《建立在政治经济学基础上的租税制度》,1820 年;《国富新论》,1824 年。萨伊:《财富的主要原因或国家及个人贫困的主要原因》,1818 年;《关于工业及立法的若干考察》,1822 年;《泛论个人财富和社会财富》,1827 年;《关于国富的研究及政治经济学的根本错误》,1836 年。

四、历史的方法

早在亚里士多德及孟德斯鸠的著作中就已萌芽。后由德国历史法学派的缪赛尔、赫伦学派(许尔曼、扎托里乌斯、扎尔菲尔德等)以及伯克等人积极发展。

在经济学者方面有:亚当·斯密、斯图亚特、马尔萨斯、施托尔希以及劳等人。

还有克劳泽:《国民及国家经济学体系的研究,特别是对国民文化发达的源泉的德国的观察》,2 卷,1830 年。吉布拉里奥:《中世纪的政治经济学》,2 卷,1841 年。

图书在版编目(CIP)数据

历史方法的国民经济学讲义大纲/(德)威廉·罗雪尔著;朱绍文译.—北京:商务印书馆,2017
(汉译世界学术名著丛书:120年纪念版:珍藏本)
ISBN 978-7-100-14164-2

Ⅰ.①历… Ⅱ.①威… ②朱… Ⅲ.①历史学派—研究②国民经济—经济学—研究 Ⅳ.①F091.342②F014.1

中国版本图书馆CIP数据核字(2017)第137922号

汉译世界学术名著丛书
(120年纪念版·珍藏本)
历史方法的国民经济学讲义大纲
〔德〕威廉·罗雪尔 著
朱绍文 译

商 务 印 书 馆 出 版
(北京王府井大街36号 邮政编码100710)
商 务 印 书 馆 发 行
南京爱德印刷有限公司印刷
ISBN 978-7-100-14164-2

2017年12月第1版 开本710×1000 1/16
2017年12月第1次印刷 印张14½
定价:75.00元